五南出版

速解

心理學

PSYSHOLOGY IS SO EASY

讀圖時代　　化整為零　　一本入門

楊錫林 蔡盧浚　編著

序言

　　每當提到對於「心理」或「心理學」有何想法時，大多數人會回應：「我很有興趣！」、或是「很想學！」之類的答案。可見，大家都認為「心理學」很重要；是生活中不可缺少的一部分。然而，現代的心理學發展迅速，運用廣泛，即使我們身邊隨處都可以接觸到和「心理學」相關的各種訊息，倘若沒有足夠的學習，僅憑著粗淺、片斷的印象，實難以將心理學的知識真正應用於生活當中。

　　對於想要探究心理學奧祕的人，這本書是很適合大眾閱讀的入門書籍。它提供一個心理學知識、原理的基本框架，並且加上日常的普遍的體驗做為例證，期望引發學習者更多的興趣，平時即能自行觀察及體驗心理學的各種現象。另外，本書以作為通識課程的教本而編寫，使學習者從認識腦的構造，進而了解知覺、記憶、思考、情緒等功能，以及心理測驗、行為發展、精神疾病、心理學的應用等概念，為以後深入學習建立基礎。

　　本書之出版，歸功於共同作者楊錫林教授，對其發展學術精神的執著，力求撰寫能圓滿，並殷切期盼本書，能對讀者在家庭、婚姻、人際關係、身心調適及生命規劃有所助益。

台北市立聯合醫院精神科主任　蔡盧浚

2014.11.05

目 錄

Contents

自然科學的興起，帶動生物科學的發展，使得心理學得以從哲學中脫穎而出，並且以客觀的方法加以研究。

心理學起源於數千年前的西方哲學，而成為科學的研究，只不過是近一百多年的事而已。

其中精神分析學派、行為主義學派、人本主義心理學影響最大，被稱為心理學的三大主要理論。

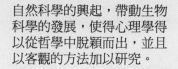

1-1 心理學的定義

1-2 心理學的發展簡史

1-3 現代心理學的重要理論

1-4 心理學的研究領域

依心理學之研究目的內涵，可分為：理論心理學與應用心理學兩大領域。

CHAPTER

1

心理學概論

研究個體行為與心理歷程的科學就是心理學。

1-1 心理學的定義

自然科學的興起，帶動生物科學的發展，使得心理學得以從哲學中脫穎而出，並且以客觀的方法加以研究。

一、心理學的本質

早些時候，心理學一直被認為跟算命有關，與坊間的江湖術士相當。而後，又被視為神學中探討的題材，並且多以哲學的角度去了解，顯得相當的主觀。後來，自然科學的興起，帶動生物科學的發展，使得心理學得以從哲學中脫穎而出，並且以客觀的方法加以研究。

雖然心理學家對心理學的界說一直有許多不同的觀點，從早期的研究心靈的學科，慢慢轉變到研究心理活動的科學，進而認為是對於行為研究的科學，直到二十世紀七〇年代，大多數的心理學家有較一致的觀點：「研究個體行為與心理歷程的科學就是心理學。」當然，在這樣的定義中，個體指的是人類和動物，行為則屬於一些外在的活動，如：打球、購買、讀書等。至於定義中的心理歷程指的是內在的、未表現於外表的一些過程，諸如：動機、情緒、慾望、態度、思考等。因為大多數的心理學家都以客觀的科學方法研究心理學，所以心理學的研究目的，與客觀研究的目的相同，包含了描述（describing）、解釋（explaining）、預測

補充

社會問題日益嚴重，兇殺、自殺、吸毒及嗑藥等偏差行為及異常心理的人數不斷增加，且年齡層逐漸下降，使得周遭埋伏著眾多的不定時炸彈。

事實上，這種現象，除了心理學以外，恐非一般的社會學科能有效地處理與遏阻。這也難怪大多數學者及專家，一直對探討人類行為的心理學寄以厚望。

（predicting）、控制（controlling），與改善人類生活品質。

🤔 二、學習心理學的目的

我們在日常生活中所遭遇到的每件事情，幾乎都與心理學有關。尤其是隨著科技的快速發展，社會環境的瞬息轉變，人類不斷追求物質與慾望的滿足，使得人們幾乎每天過著忙碌而庸俗的生活，帶給自己無限的壓力與沉悶，導致心靈日漸空虛，人們彼此間的距離逐漸疏遠與隔閡。

由於時代變遷、社會日趨複雜，所遭遇的人生問題與各種決策愈多，心理學在現今社會所扮演的角色就愈形重要。

因此，即使是不想成為心理學家的人，也應該對心理學的內容與研究方法有所了解。學習心理學目的約略說明如下：

◎可以更了解人類行為的動機。

◎可以更加了解自己。

◎可幫助自己評估所做的每件人生抉擇。

◎可以協助評估研究報告、雜誌上，所發表的各類心理學觀點的可信度與客觀性。

補充

心理學是以客觀的科學方法，諸如：心理測驗、分析動機及心理學相關理論與技術，來幫助我們了解個體行為及內在的心理歷程。

可能無法看穿一個人的心，但學了心理學之後，除了對自己能有比較好的調適外，也比較容易且願意去了解對方言行舉止的動機；同時，也懂得如何與人愉快相處，並且會想要去關懷及幫助周遭的人。

有趣的問題

1. 你對某件事的看法與反應是否與別人不同？為什麼每個人對同一件事的看法不盡相同？

2. 心理學和算命及占星術有什麼不同呢？心理學運用了什麼方法，使我們能更了解人類的心理呢？學了心理學以後，我們是否就能看透別人的心思呢？

希臘三哲已提出關於人類本質的一些問題。

1-2 心理學的發展簡史

心理學起源於數千年前的西方哲學,而成為科學的研究,只不過是近一百多年的事而已。

在上節已提到,心理學起初是以哲學的角度探討,而後才以科學方法加以研究。所以,心理學是起源於數千年前的西方哲學,而成為科學的研究,只不過一百多年而已。以下就依此,劃分兩個發展階段來說明。

 一、哲學期的心理學

一般認為西方心理學的起源,可以追溯到西元前第四、五世紀古希臘的一些偉大思想家;例如:蘇格拉底(Socrates,469 ~ 399 B. C.)、柏拉圖(Plato,427 ~ 347 B.C.)、亞里斯多德(Aristotélēs,384 ~ 322 B.C.)。當時他們師徒三

補充

蘇格拉底被認為是西方哲學的奠基人,但一生並沒有留下任何著作。柏拉圖在《對話錄》一書中,記述了蘇格拉底的生平、思想與在倫理學領域的貢獻。

蘇格拉底

469~399 B.C.

柏拉圖

427~347 B.C.

亞里斯多德

384~322 B.C.

代就曾提出了一些諸如「人生來是理性的還是非理性的」、「人能夠自由選擇嗎」、「心靈如何運作」等心理內涵之問題。

法國哲學家笛卡兒（René Descartes，1596～1650），主張二元論，認為身和心是分開的，藉由松果體來互通訊息。他留下了名言「我思故我在」（cogito ergo sum），提出了「普遍懷疑」的主張，是西方現代哲學思想的奠基人。

補充

馮德於1874年出版了《生理心理學原理》（Principles of Physiological Psychology）一書，書中他將心理學的實驗結果做了系統的整理，把心理學從哲學獨立出來，成為一門有系統的科學。

二、科學期的心理學

1879 年，德國心理學家馮德（W.Wundt，1832～1920）在萊比錫大學建立世界上第一座心理實驗室，從事心理生理學的實驗工作，並且以科學實驗法來探討人的心之結構。

由於馮德率先將人的意識（consciousness）放在實驗室研究，使心理學脫離哲學領域邁向科學之林，而被後人尊稱為「實驗心理學之父」。

笛卡兒

馮德

（前）西元（後）　　　　　　1596~1650　　　　　　　1832~1920

科學心理學誕生後，各研究學者紛紛自創門派。

1-3 現代心理學的重要理論

其中精神分析學派、行為主義學派、人本主義心理學影響最大，被稱為心理學的三大主要理論。

　　一百多餘年前，科學心理學誕生後，各研究學者由於研究的題材不同、著重點不同，紛紛自創門派並互相敵對，而後經過多年的爭論動盪之後，才逐漸演變成不同理論相容並存的結果，現就比較重要的幾個理論概述如下：

一、行為論

　　行為論主要以巴夫洛夫（I. P. Pavlov，1849～1936）、華森（J. B. Watson，1878～1958）、斯金納（B.F. Skinner，1904～1990）等學者為代表。此理論主張一切行為是由刺激與反應聯結而成的，所以此理論又可稱為「刺激—反應心理學」（S-R Psychology）。

　　華森和斯金納相信，他們在動物身上所探討的各種經歷和過程，代表著普遍原則，同樣也適用於人類身上。

巴夫洛夫像。

二、精神分析論（心理分析論）

　　精神分析論為佛洛伊德（S. Freud，1856～1939）所創立，佛氏有心理學鼻祖的尊稱。他認為

佛洛伊德像。

潛意識及本能是行為產生的內在原因，特別強調「性」及「幼年生活經驗」二者對人格發展及心理異常的影響很大。他首度提出，人類的本質不一定是理性的，個人的行為可能受到連自己都察覺不到的動機的驅使。

　　而後，其門徒雖主張社會文化對人格發展具有重大的影響，不再以「性」為唯一的因素，唯仍採用心理分析方法，所以被稱為新佛洛伊德學派（Neo-Freudian）。

三、人本論

　　人本論以人本心理學家馬斯洛（A. H. Maslow，1908～1970）與羅吉斯（C. Rogers，1902～1987）為代表，強調人性本善及人有無限潛能。根據人本論的觀點，人們既不是受到本能的力量所驅使的小丑（精神分析論的觀點），也不是被環境的外力所操弄的傀儡（行為論的觀點）；而是積極主動的生物體。

羅吉斯像。

　　一個人如果在有利的環境下成長，將可使人性充分發展，並達到自我實現的境界。

四、認知論

　　認知論主要以皮亞傑（J. Piaget，1890～1980）、詹姆士基（N. Chomsky，1928～）、西蒙（H. Simon，1915～）等學者為代表。主張了解人類的行為，應該對個人的訊息之取得、貯存及處理等歷程進行探討。並且強調認知是指人們對事物知曉的歷程，這些歷程包括注意、辨別、理解、思考、記憶及想像等複雜的心理活動。

皮亞傑像。

根據認知論的觀點，人們的行動是來自於思考，而人們思考是因為他們擁有「思考」這個人類的天賦。

五、心理生理論

心理生理論以史佩利（R. Sperry，1913～1994）等人為代表，利用生理心理學與神經心理學的知識來研究個體行為與心理歷程間的關係，並且主張個體的心理功能可以根據身體結構與生物化學歷程來解釋。

史佩利像。

六、不同理論的比較

心理學的理論，主要在幫助我們對個體行為及心理歷程的理解。例如：人為什麼會有攻擊行為？不同的學者就分別提出他們的觀點：

人本論：個體未受到積極的關懷，以至於無法充分發展其潛能。

行為論：認為攻擊者從攻擊中得到了一些酬賞。

大師會談

精神分析論：攻擊是因為個人遭遇到了挫折後的反應。

認知論：個體曾看過別人攻擊的圖片、影片或情境。

心理生理論：大腦中的某些部位受到刺激而產生攻擊行為。

心理學研究最終的目標在提升並改善人類的生活品質。

1-4 心理學的研究領域

依心理學之研究目的內涵，可分為：理論心理學與應用心理學兩大領域。

 ## 一、理論心理學領域

心理學的研究目的，除了理論的建立外，最終的目標則在提升並改善人類的生活品質。而由於人的問題及生活上的需求層次不盡相同，所以心理學乃順勢發展許多不同的應用學科。又依前述心理學之研究目的，分為理論心理學與應用心理學兩大領域，並分別列出及介紹其中的一些主要學科。

目前國內外各大學的心理、教育、輔導及社會等學系，大多開設有這些相關的心理學科目的課程。例如：

國立大學的部分	私立大學的部分
臺灣大學心理學系、政治大學心理學系、成功大學心理學系、中央大學認知神經科學所、中正大學心理學系、臺灣師範大學教育與輔導學系、臺北教育大學心理與諮商學系、新竹教育大學心理學系、高雄醫學大學心理系、屏東教育大學教育心理與輔導學系、中山醫學大學心理學系、花蓮教育大學諮商心理系暨研究所、臺中教育大學諮商與應用心理學系、東華大學臨床與諮商心理學系。	中原大學心理學系、輔仁大學心理學系、亞洲大學心理學系、東吳大學心理學系、佛光大學心理學系、世新大學社會心理學系、淡江大學教育心理與諮商研究所、玄奘大學應用心理學系、長榮大學臨床心理學系、中國文化大學心理輔導學系、稻江科技暨管理學院諮商心理學系。

理論心理學是以發現事實，建立心理學的普遍性原理為目的。

領域	探討的內容
普通心理學	主要探討內容包含有行為的生理基礎、感覺與知覺、學習與記憶及思考、動機與情緒、心理能力、人格、行為的發展、社會行為、精神疾病、心理衛生、生涯規劃及心理的的應用等。它是科學心理學的入門及基礎課程，本書就是所謂的普通心理學。
發展心理學	主要在探討個體從受精卵開始，到老年生命結束，因年齡的增加而在身體和心理上變化的情形。其中包括身體動作、情緒、語言、認知與人格的改變等主題。
實驗心理學	主要是利用科學的實驗方法，探討人類及動物在變項的操弄時，其行為及心理歷程改變的情形。其內容包含有感覺、知覺、學習、記憶、解決問題等心理歷程。
人格心理學	主要是探討個體的人格特質、人格結構、人格發展及影響人格的先天與環境的因素。
社會心理學	主要是探討個體在團體中如何受影響，以及團體中個體間彼此互動的情形。其重要內容有人際關係、態度形成與改變、領導與順從、團體動力、利他行為等主題。
變態心理學	主要是探討行為偏差的原因與類別，以作為心理診斷與治療的依據。
生理心理學	主要是探討個體行為及心理歷程與生理功能、神經系統及內分泌系統的關係。
認知心理學	主要是探討人類如何自周圍環境中獲取訊息、儲存訊息及使用訊息的內在歷程，也就是知的歷程。
心理測驗學	主要是探討如何利用心理測驗作為工具，來測量個體的行為與心理能力，以增進對個體的了解。
比較心理學	主要是探討與比較不同種類的動物之行為的異同，以建立系統的理論知識，進一步達到推論並解釋人類的行為。

二、應用心理學領域

應用心理學是將理論心理學應用到人類日常生活情境中的一門科學。

領域	探討的內容
工業心理學	利用心理學的理論與知識，探討工業組織情境中的工作人員的行為，以提升生產效率及創造組織的最大利潤。包括人員的甄選與訓練、動機與士氣的提升、領導行為及意外事件的預防等內容。
消費心理學	將心理學的原理與方法，運用在消費大眾的消費動機、購買行為及消費決策上。
廣告心理學	利用心理學的原理與方法將各種組織的產品或服務的訊息，透過廣告途徑，提供給消費大眾，以達到行銷及刺激消費者的購買慾望與行為。
教育心理學	利用心理學的理論、原理與方法，協助教學情境的師生互動、了解學生及解決教學上的問題，藉以提升教學品質，並達到預定的教學目標。
諮商心理學	利用心理學的理論與方法，提供諮商或晤談，以協助生活適應困難的個體，解除困惑，去除不良習慣，培養積極的人生觀。
臨床心理學	將心理學的原理與原則應用診斷和治療有情緒及行為困擾的精神病患，以減輕其痛苦並去除困擾，期能在社區過著正常而適應的生活。
法律心理學	利用心理學的原理與技術，探討犯罪者的動機、犯罪證據的取得判定、犯罪矯治與預防等。
健康心理學	健康心理學是近來新興的學科。主要目的是幫助個體適應生活，預防疾病的發生，改善病後的復健效果。
管理心理學	利用心理學的原理與方法，探討組織中人與事的問題。其內容有員工的工作態度、工作應力、工作滿足感、溝通、領導、組織變革與發展等。
環境心理學	環境心理學也是一門新興的學科。主要是將心理學的原理應用在生活環境上，研究人與環境的關係，改善社會與自然環境，以達到美化生活環境，發揮人類潛在能力。

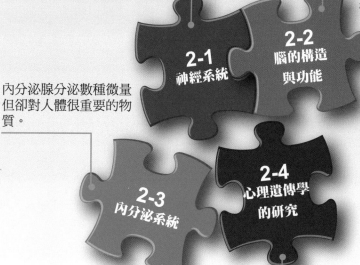

神經組織依照其所在的部位，分為中樞神經系統與周邊神經系統。

單一個神經細胞，可以有簡單的「刺激－反應」的功能；而更複雜的反應及智慧的現象，則是眾多神經細胞合作的結果。

內分泌腺分泌數種微量但卻對人體很重要的物質。

2-1 神經系統

2-2 腦的構造與功能

2-3 內分泌系統

2-4 心理遺傳學的研究

把遺傳學的理論、研究方法，應用在心理學的領域上，希望能了解先天的遺傳，究竟能決定多少生物的心理特質和行為。

CHAPTER

2

心理的生理基礎

人體的構造既奇妙且複雜，其中神經系統可說是最複雜的。

2-1 神經系統

神經組織依照其所在的部位，分為中樞神經系統與周邊神經系統。

　　人體的構造，既奇妙且複雜，依照其不同的功能，分為好幾個系統，其中神經系統可說是最複雜的。人類的神經系統包含數兆個以上的神經細胞，眾多細小的神經細胞，聚集形成肉眼可見的神經組織，神經組織依照其所在的部位，分為中樞神經系統與周邊神經系統。

　　中樞神經系統由腦和脊髓兩部分所構成，分別被頭部和脊椎的骨頭圍住、保護著；從它們向外延伸至全身各處的則是周邊神經系統。中樞神經系統具有知覺、記憶、整合、判斷等功能，周邊神經系統主要的功能是接收訊息，以及傳達訊號到身體其它負責反應的各個器官。

中樞神經系統（藍色部分）及周邊神經系統（灰色部分）

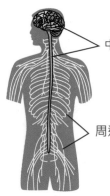

中樞神經系統(腦、脊髓)

周邊神經系統(運動神經、感覺神經)

一、神經元

其實神經系統內有許多不同型態的神經細胞，神經細胞最特別之處，在於它們具有特殊的感受性，能對訊息的刺激快速地產生反應。神經細胞也是神經系統內接收、傳送訊息的基本單位，因此單一個神經細胞又稱為神經元，神經元約占大腦細胞總數的十分之一。

神經元的構造，可分為三個部分：樹突、軸突與細胞體，顧名思義，樹突由細胞體突出來，形狀類似樹枝一樣，樹突的功能是接收別的神經元傳來的訊息。

軸突的形狀則是像細長的軸管，並且另有一些稱為髓鞘的細胞包裹著，軸突的功能是將訊號傳送到下一個神經元，或是其他的地方。細胞體的形狀不一，其中有細胞核、細胞質等細胞構造，是神經細胞的本體，另有其他許多的作用，比如製造細胞需要的物質。

補充

人體是由無數的細胞所組成，神經系統也不例外。

一個個的細胞，聚集成為「組織」，許多不同的組織，再組合成所謂的「器官」，比如心臟、肺臟、眼睛、小腸等都是器官的名稱，至於「系統」，則是把許多具有共同功能的組織與器官，統合起來稱之，儘管它們位於身體不同的部位（例如：內分泌系統）。

神經元的主要構造：樹突、軸突與細胞體

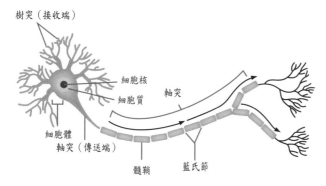

樹突（接收端）
細胞核
細胞質
軸突
細胞體
軸突（傳送端）
髓鞘
藍氏節

（參考：游恆山譯 (b)，2014，p42）

二、神經衝動的傳遞

　　神經元之間傳送訊息具有一定的方向性，當樹突收到刺激訊號，會產生一種電位的變化，稱之為神經衝動，樹突將神經衝動向內傳入後，經過細胞體，再經由軸突向外傳出，到達軸突的末端。

　　軸突末端和下一個神經元的樹突並不是直接相連的，它們接觸交界的空隙，稱為突觸，電位性的神經衝動到達突觸時，軸突的末端會釋放出特別的神經傳導物質，進入突觸的空隙中，下一個神經元的樹突，接受到這些神經傳導物質之後，又會被刺激產生電位變化，發出另一個神經衝動，將訊息再傳下去。神經細胞之間，以這樣的方式相互聯結，形成極為複雜的傳訊網絡。

　　神經衝動傳遞是依靠電位變化或者是神經傳導

突觸與神經衝動的傳遞

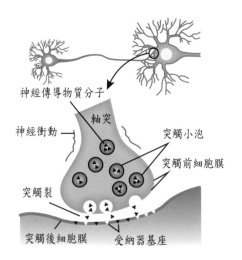

（參考：游恆山譯(b)，2014，p.48）

物質，而且衝動傳遞的方向，是以（樹突→細胞體→軸突），經由突觸，（樹突→細胞體→軸突），經由突觸……，如此這般地以動態的方式進行著。

　　如果用接力賽跑來比喻，就更容易了解：接力賽時，你（樹突）聽到起跑槍聲（一個刺激），就迅速地躍起用力向前衝（神經衝動），跑一段距離（樹突、軸突）之後，將接力棒（神經傳導物質）傳到下一位同學手中，讓他接著跑下去（另一個神經衝動）。神經傳導與上面比喻的差別，在於接力賽中，接力棒是一直拿在手上的，但神經傳導是一種電位變化，在傳至下一個細胞時，又轉成透過神經傳導物質來傳遞，彷彿你賽跑沒拿接力棒，最後卻如同魔術般神奇的變出棒子來，交給下一個人。

三、脊髓與反射動作

　　腦部需要腦部以外的神經構造，負責把身體訊號傳到大腦，其中最主要、巨大的通道就是脊髓，假如脊髓被切斷，受傷部位以下的身體將會癱瘓，失去運動或感覺的能力。

　　脊髓從腦部向下延伸，是長管狀的構造，由身體背部中央脊椎的骨頭包住。脊髓中有很多神經通路，把來自身體的訊息向上傳送到腦部，也將來自腦部下達的訊號傳到身體。有些必須立刻反應的動作，不必經過大腦就可以由脊髓來完成；例如：手指被火燙到時，會不加思索的立刻收回來，過程極為迅速，這稱為「反射動作」，脊髓又稱為「反射中樞」。

體驗

膝反射的誘發
方法：輕敲膝蓋骨下方的韌帶，可以出現反射動作。
同學們可以把手指併攏，用指尖輕敲膝部試看看。
請注意不可大力敲擊。

特大號的神經細胞集合體——腦。

2-2 腦的構造與功能

單一個神經細胞，可以有簡單的「刺激－反應」的功能；而更複雜的反應及智慧的現象，則是眾多神經細胞合作的結果。

一、腦部

　　人類的腦在動物中，是最高度發展的，假如說其他動物的腦是平房，那人腦就像是智慧型辦公大樓，腦容量大而且有更高的功能；腦部是立體的，因此腦內重要結構是位在一個三度空間的範圍。為了研究方便，可將人類的腦約略分為後腦、中腦、前腦三個部分，以下舉出其中較主要的構造。

哇！原來人類的腦部是這個樣子！

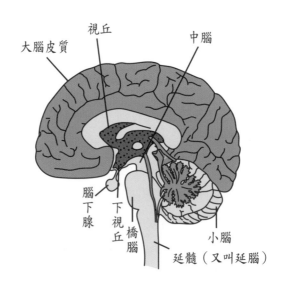

（一）後腦

延髓：掌控著血壓、心跳、呼吸等，維持生命的重要機能，又稱為「生命中樞」。

橋腦：是許多上下聯繫的神經通道經過的地方，像是腦內的重要橋梁。

小腦：管理身體動作的協調、平衡。如果小腦受損，人們仍然能做出動作，但將會無法保有動作的協調順暢。小腦又叫做「平衡中樞」。

網狀結構：和覺醒、睡眠、作夢等有關，類似把人由昏沉的睡夢中喚醒的鬧鐘一般，所以又叫「網狀賦活系統」。

後腦其實是腦部最根本的部位，因為它是維持生命的重要所在，但不具有思考創造的功能，在演化過程中，也是腦裡面最久遠古老的結構。

（二）中腦

黑質：由一群顏色較暗的神經細胞構成。有一種名為「帕金森氏症」的疾病，患者會出現動作遲緩、顫抖、僵硬等情形，是因為黑質神經細胞減少的緣故。

頂蓋：和視覺、聽覺的傳遞、動作反射有關的部位。

（三）前腦

前腦是腦部演化中比較「新」的部分，尤其是大腦皮質所具有的功能，使人類能夠適應環境變化，並且創造環境，而不是依靠運氣生存。

大腦：由左右兩邊、看似半球形的大腦半球組成，大腦半球的外層稱為「大腦皮質」，是人腦最

補充

人類的腦分為後腦、中腦、前腦三個部分。

後腦中的延髓又稱為生命中樞，小腦又叫平衡中樞。

前腦中的大腦皮質是人腦最重要的心智活動運作中心，分為感覺區、運動區、語言區、聽覺區、視覺區等。

邊緣系統和記憶形成及各種情緒有關。

第 2 章

心理的生理基礎

19

重要的、心智活動的運作中心。大腦皮質上面有皺褶狀的腦溝，依著腦溝可以將大腦皮質分為幾個區域。這些區域各有不同的功用，比如感覺區、運動區、語言區、聽覺區、視覺區等，有的區域用來進行邏輯判斷、擬定計畫，有的和空間感有關，有的則是負責連結來自其他區域的訊息。此外，左右兩側的大腦的功能也有所差異。大腦可說是高度分工、密切合作、協調精確的完美傑作。

大腦皮質是很重要的構造，分為許多區域。

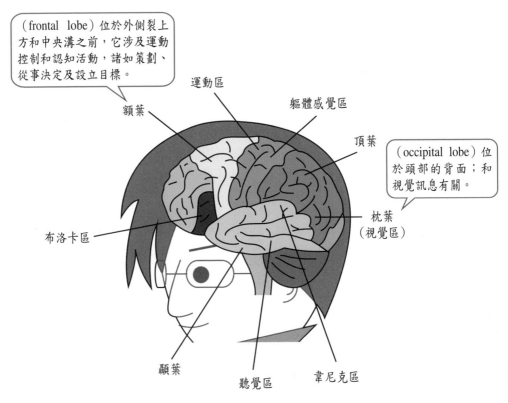

看似對稱的左右兩側大腦半球，功能是不同的。

腦幹、視丘與小腦

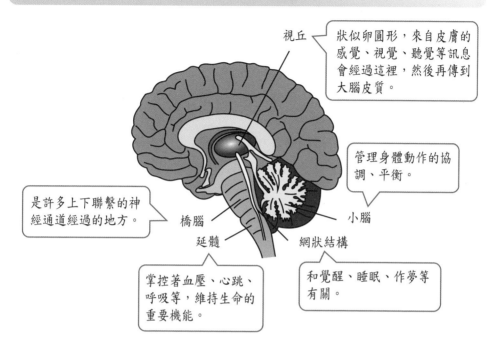

視丘 — 狀似卵圓形，來自皮膚的感覺、視覺、聽覺等訊息會經過這裡，然後再傳到大腦皮質。

管理身體動作的協調、平衡。

是許多上下聯繫的神經通道經過的地方。

橋腦

延髓

小腦

網狀結構

掌控著血壓、心跳、呼吸等，維持生命的重要機能。

和覺醒、睡眠、作夢等有關。

邊緣系統：包含杏仁核、海馬迴等幾個相關的構造。

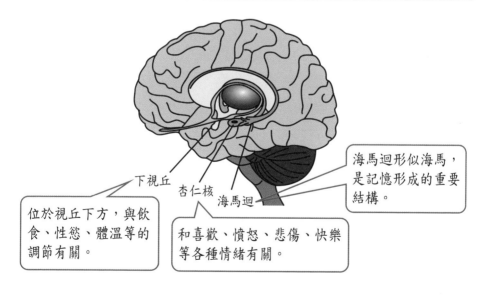

海馬迴形似海馬，是記憶形成的重要結構。

下視丘

杏仁核

海馬迴

位於視丘下方，與飲食、性慾、體溫等的調節有關。

和喜歡、憤怒、悲傷、快樂等各種情緒有關。

視丘：狀似卵圓形，來自皮膚的感覺、視覺、聽覺等訊息會經過這裡，然後再傳到大腦皮質。

下視丘：位於視丘下方，與飲食、性慾、體溫等的調節有關。

邊緣系統：包含杏仁核、海馬迴等幾個相關的構造。海馬迴形似海馬，是記憶形成的重要結構。杏仁核和喜歡、憤怒、悲傷、快樂等各種情緒有關。

無論是運動、感覺、記憶、思考，看似簡單的運作，其實是腦內的各部位，發揮不同功能，彼此分工，又相互協調運作，最後才達成的結果。

四、腦力有限，應保養頭腦

人體的生理活動、體溫變化、睡眠、荷爾蒙分泌等，會依著晝夜的改變，循環變化，稱為「晝夜節律」（circadian rhythms）。腦是人體器官之一，如同身體其他部位，有一定的運作規律，如果沒有好好照顧，腦也會功能失調或生病。保養頭腦的方法，包括規律起居、均衡飲食、充足睡眠、適當運動、參與人際活動等等。腦力也是有限的，善用我們的腦，才能擁有優質生命、樂活人生。

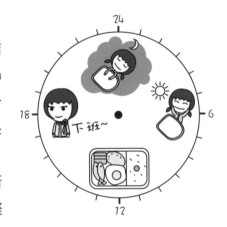

有趣的問題

人類大腦細胞神經元的數目，出生後即不再變多，但是成年人大腦重量大約是新生兒的四倍。同學們知道這些增加是怎麼一回事嗎？

另外，到了一定年齡，腦細胞就會逐年減少，這意味著人會愈來愈「不聰明」嗎？人應該如何保持腦部的健康呢？

內分泌系統是由無管腺組成的一種網絡。

2-3 內分泌系統

內分泌腺分泌數種微量但卻對人體很重要的物質。

人體內有許多的腺體，會分泌出含有特定作用的物質，比如唾腺會分泌唾液，幫助潤滑及消化食物，汗液是來自汗腺，幫助散熱的作用，淚腺會製造淚液，保護和溼潤眼睛等。內分泌腺亦是腺體的一種，它們分泌數種微量但卻對人體很重要的物質，說明如下：

一、內分泌腺與荷爾蒙

除了腦部，身體其它地方也有內分泌腺，內分泌系統是由腦下腺、甲狀腺、腎上腺、胰島腺、性腺等位於身體各處的內分泌腺所組成（如右圖）。內分泌腺分泌的化學物質（大部分是蛋白質），直接進入血管中，由血液送到全身，發揮作用，它們分泌的化學物稱為荷爾蒙或激素。因為這些腺體的分泌直接進入血液中，不需要經由分泌管排出來，所以又叫無管腺。

神經系統能做出快速、準確的反應來應對變化，內分泌系統則藉由釋出荷爾蒙來調節改變。荷爾蒙對身體內產生的影響較緩慢，但廣泛而持久，比如生長、發育、新陳代謝的平衡、生殖的週期性變化等。

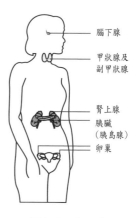

腦下腺
甲狀腺及副甲狀腺
腎上腺
胰臟（胰島腺）
卵巢

女性的內分泌腺

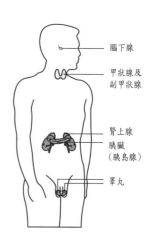

腦下腺
甲狀腺及副甲狀腺
腎上腺
胰臟（胰島腺）
睪丸

男性的內分泌腺

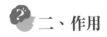

二、作用

各種內分泌腺及荷爾蒙的作用

名　稱	作　用
腦下腺	位於腦部下視丘的下方，又叫腦下垂體。腦下腺是內分泌腺中最小的，重量僅約半公克，但它卻可分泌許多種激素，其中生長激素的作用是促進身體生長及發育；另外也會透過分泌一些激素，影響、控制其他內分泌腺的機能。腦下腺可說是內分泌腺中的國王。
甲狀腺	位於頸部中間，分為兩側。它分泌甲狀腺素，作用在調節身體細胞的代謝速率。如果甲狀腺素分泌過多，會有「甲狀腺機能亢進」的現象，造成代謝率太高、能量消耗、心跳快、血壓升高、情緒煩燥等情形。
副甲狀腺	在甲狀腺後方，包埋在甲狀腺中。分泌副甲狀腺素，作用為一調整體內鈣離子的濃度。
腎上腺	位於腎臟的上方，左右各有一個。腎上腺可分為皮質和髓質兩部分，皮質分泌皮質素，控制體內醣類的運用和納離子的平衡；髓質分泌腎上腺素，作用是興奮、使人體能應變緊急情況。
胰島腺	位於胰臟內，分泌胰島素和升糖激素，主要調節體內葡萄糖的利用。「糖尿症」就是胰島腺的機能失常，使得血液中葡萄糖濃度太高，而且從尿液中流失。
性腺	性腺在男、女性有所不同，且製造出不同性荷爾蒙。男性性腺位於睪丸，分泌雄性激素，又稱為睪固酮；女性性腺在卵巢，分泌黃體素和動情激素（雌性激素）。這些激素和生殖器的發育、第二性徵的出現、生殖週期、生殖功能有關。

補充

內分泌腺製造、貯存荷爾蒙，然後分泌到血管，靠著血液流動帶到全身，但荷爾蒙只對某些特定組織或者器官發揮作用。不同的內分泌腺掌控不同的身體機能。

內分泌腺所分泌荷爾蒙的量是極為稀少的，但產生的影響卻很大。

龍生龍，鳳生鳳。

2-4 心理遺傳學的研究

把遺傳學的理論、研究方法，應用在心理學的領域上，希望能了解先天的遺傳，究竟能決定多少生物的心理特質和行為。

俗話說：「龍生龍，鳳生鳳」，生物繁衍時，會把自己的特徵傳給下一代，因此同種的生物會有同樣的外型和習性。例如：蜜蜂們看來一模一樣，而且似乎天生就懂得採蜜、築蜂巢；小海龜長得就像父母的縮小版，當它破殼而出時，會本能地奔向大海，這是遺傳的結果。

一、什麼是遺傳？

遺傳學是研究生物體各種遺傳特徵的傳遞、表現及變異的科學。生物的遺傳，是經由細胞中，位於染色體上的基因所決定；基因與染色體，有其獨特的模式，會隨著細胞分裂，由親代的細胞，傳遞到子代的細胞，使得子代的細胞具有和親代細胞相同的特性。

不過，遺傳極少是百分之百的。親子兩代之間仍然會有差異，以人類而言，就算是來自同卵的雙胞胎，也會有不一樣的地方。除了外形和身體構造，人類的心理及行為反應會因所處的社會環境的不同而有不同的發展。例如：一對父子，容貌長得很相像，「個性」卻南轅北轍；在不同國度成長的

補充

1859年，達爾文（Charles Darwin）出版的 *The Origin of Species*，認為演化是生存競爭中自由淘汰的結果，食物與空間等資源有限，只有最適應環境的個體才能生存下來，延續族群。

姊妹，竟然同樣擁有令人驚奇的音樂天分等。心理遺傳學就是要研究並希望能解答這些有趣的現象。

遺傳並不是決定了一切，人的特質和行為是遺傳與環境因素兩者交互作用下的總體表現。人類卵子受精之後，須經過約四十週的胚胎發育，出生以後還須歷經約二十年左右的成長和學習，這期間的變化因素非常多，心理學家們想了解的是：哪些受先天的遺傳影響較多、有多大的影響、如何影響等問題。

1865 年，孟德爾（Gregor Johann Mendel）透過豌豆實驗，發現了分離規律及自由組合規律；揭開了生物遺傳的奧祕。

二、遺傳學常用的研究方法

為了研究動物的遺傳，可以在實驗室裡，培育遺傳特性相同的動物，然後觀察這些動物是否也具有某些一樣的行為反應模式。或者是透過研究設計，將外界的變動因素控制在一定程度之內，以便找出影響動物行為的環境因素。

人類的雙胞胎，因為彼此之間遺傳特質很相近，也經常成為研究的主題。研究發現，有些同卵雙胞胎雖然從小時候就分開，但長大後講話語調和聲音頻率，具有很高的一致性。另外對於智能的研究發現，雙胞胎之間的智商是相近的。

醫學方面，研究精神疾病的家族疾病史，證明不少精神疾病有遺傳性，例如：思覺失調症、情感性疾病、酒癮等，遺傳研究也可以探討精神疾病的原因和個人特質、適應方式及環境壓力的關係，進而尋找預防疾病的方式。

姊姊會唱歌！妹妹也一樣嗎？

眼睛有視覺、鼻子有嗅覺，舌頭感受味覺，皮膚有冷覺、熱覺、觸覺、痛覺，身體有運動覺、平衡覺等。

知覺歷程，是指如何將傳遞進來的訊號，組織、轉變成為「可理解的經驗」的過程。

知覺的運作，具有一些特性，用以確保我們的抉擇反應可以正確。

3-1
感覺器官、
感覺與感覺適應

3-2
知覺歷程

3-3
知覺的特性

3-4
影響知覺
的心理歷程

3-5
感覺與知覺
的差異

省察自己知覺事物的心理傾向，可以增加對自我的了解。

透過感覺器官，以及知覺主動建構，我們僅得知「一部分」的外在世界。

CHAPTER

3

感覺與知覺

用來接受訊息的構造，稱為感覺器官。

3-1 感覺器官、感覺與感覺適應

眼睛有視覺、鼻子有嗅覺，舌頭感受味覺，皮膚有冷覺、熱覺、觸覺、痛覺，身體有運動覺、平衡覺等。

一、感覺器官及感覺

　　用來接受訊息的構造，稱為感覺器官。不同的感覺器官接收不相同的訊息，比如：眼睛是用來接收光線的訊號，對光線的感覺稱為視覺，眼睛就叫作視覺器官；耳朵則是感受聲音的聽覺器官，用來接收音波的訊號。其他像是鼻子有嗅覺，舌頭感受味覺，皮膚有冷覺、熱覺、觸覺、痛覺，身體有運動覺、平衡覺等。

補充

光波的波長和強度，在人可以感受的波長範圍內（約 312.30 奈米至 745.40 奈米），被稱為可見光，或簡稱為光。如果沒有光，我們就看不到顏色！

眼睛、視網膜與視覺的關係

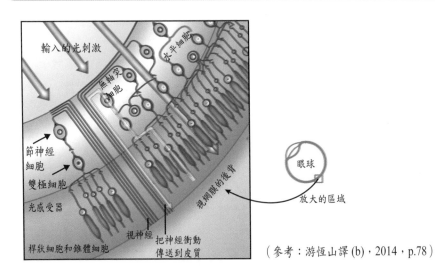

（參考：游恆山譯 (b)，2014，p.78）

不過，並非整個感覺器官都是用來接收訊息。以視覺為例，接受訊息的是在眼球後方，有一層稱為視網膜的神經細胞。當光線進入眼睛，到達視網膜時，這些神經細胞把接收到的光波訊號，轉化成為神經衝動，然後經過其他神經細胞的傳遞，到達大腦皮質的視覺區，產生視覺。

和視覺一樣，可以接收音波震動的部位，不是我們長在外面的耳朵，而是在耳朵裡面叫做耳蝸的地方。耳蝸布滿了許多的聽覺神經細胞，這些細胞接收外面傳來的聲音（音波）之後，發出神經衝動，然後再經過神經細胞的傳遞，最後到達大腦皮質的聽覺區，產生聽覺。

由上可知，我們並不是直接「看到光」、「聽見聲音」，而是透過感覺器官裡的神經構造，將訊息變成感覺。視覺使得我們能看見外界的顏色和形

人類耳朵的結構

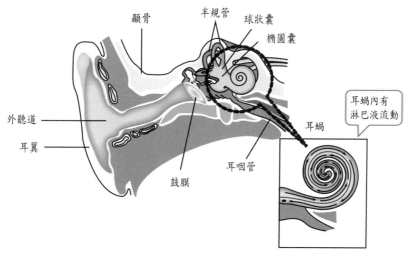

（參考：游恆山譯 (b)，2014，p.87）

狀，聽覺讓我們察覺周遭聲音的變動，此外，在鼻子上方的嗅覺細胞，可以感受空氣中漂浮的化學分子，使我們能「聞」到種種不同的味道。依靠這些感覺，我們才得知身體之外、遠處的訊息。

各種感覺產生的經過並不相同，但其道理是類似的。味覺的感受是來自舌頭上面許多細小的突起，稱為「味蕾」的接收器，當味蕾接觸到化學分子時，會產生反應，傳到中樞神經系統，分辨出食物的酸、甜、苦、辣，藉此我們才知道食物的味道。皮膚上面分布許多細微的神經末梢，有著對觸、壓、冷、熱、痛等各種感覺的接受器，當天候改變時，使我們能感覺溫度冷熱的差異，假使手指被尖銳的物品刺到，痛覺會讓我們立刻採取反應，把手迅速縮回來。倘若失去這些感覺，我們身體受到傷害時將毫無所知。

身體的關節、肌腱、韌帶上面有許多感覺接受器，使我們能知道身體運動的情形和四肢的位置，稱為運動覺（或叫作本體感受）。負責「平衡覺」的是在耳朵內部的前庭和半規管，感覺身體在不同方向移動的情況，以便保持重心及平衡。運動覺與平衡覺，讓我們可以巧妙的完成各種動作。

以開冰箱為例，如果運動覺或平衡覺受損，我們將無法平穩的走到冰箱前、無法準確的握到把手、無法用適當的力量打開冰箱、不能正確的對準嘴部將飲料喝下。（想像一下拉東西用力過猛跌倒，或是喝水倒得滿身都是的樣子。）

感覺器官是很神奇的構造，雖然我們時時透過

補充

在日常生活中，我們總是不經意地完成許多動作。例如：

走到廚房，打開冰箱，拿出你喜歡的飲料，打開然後喝掉，是一件稀鬆平常的事。但這卻需要透過精巧的身體構造、對動作的掌控與協調、對事物覺察的能力、希望達成目標的動機，以及腦海中多年的經驗累積、思考決定，才能完成。

運動覺與平衡覺，讓我們巧妙的完成各種動作。

它們感覺各種訊息，但平常我們並不太去注意這些感覺。懂得運用這些天賦的功能，會為生命帶來更多的喜悅。有些職業，比如負責鑑定酒類品質的專家、舞蹈家、調整樂器聲調的調琴師等，都是善用感覺的例子。

二、閾值

各種訊息的刺激，如果沒有到一定的強度以上，神經細胞是不會產生反應的。就像「跳高」一樣，力道不夠就無法過關；比如聲音的「音量」，必須要大於某個程度，才能使我們的聽覺器官感受到；這個刺激強度界限的數值，稱為絕對閾值。

> **補充**
>
> 閾值（threshold），也可稱為臨界值；指的是觸發某種行為或反應產生，所需要的的最低值。

兩個刺激之間強弱的相差值必須要足夠大，才會感覺到它們是不一樣的，這個數值稱為「差異閾值」。例如：光線亮度的增加，起碼要有一定的程度，才能分辨出它們的差別。

另外，雖然有些刺激已經到達閾值，但是人們「有」或「沒有」感受到它，卻會有偏差。例如：進行以下試驗：以儀器發出聲音，要求受試者正確地報告他是否有聽到，當音量約在閾值上下時，受試者可能很難區分，有時認為有聽到聲音，有時認為沒有，甚至發出的音量比他真正能聽見的還要小時，受試者仍可能會說有聲音。從這個試驗，可以知道「心理感受」和是否真正存在有感覺得到的刺激，並不是一致的。

除了閾值，感覺接收的範圍也是有限制的。人類的聽力可以聽見的聲音，大約是從 20 赫茲～ 20,000 赫茲（Hertz，簡寫為 Hz，音波頻率的單位）之間。人類的視力能看見的光波稱為可見光，而像是紅外線、紫外線 X 光等，人類就看不見。其他許多生物，擁有比人類更敏銳的感覺，比如貓的視覺讓牠在很暗的環境中仍可以靈敏地活動，不會撞倒東西；狗的嗅覺，可以探知極細微的氣味，能被訓練成為優秀的緝毒犬；蝙蝠會發出聲

波，依靠四周環境反射回來的訊號，迅速地變換飛行的路徑。

補充

電子顯微鏡的解析度約0.2 奈米，遠高於光學顯微鏡的解析度（約200奈米）。

雖然人的感覺比不上其他的生物，為了「延伸」感覺的範圍，人類透過電子顯微鏡、望遠鏡、聲納探測器等科技的發明，突破原本身體的限制，得以觀察到細小的病毒、數萬光年遙遠的星辰面貌、海洋深處的構造等，得以體驗這些非常微觀或巨觀的奇妙世界。

三、感覺適應

神經細胞受到刺激，傳出訊號之後，通常會很快地恢復原本的狀態，準備再接收下一個刺激，保持對感覺的「新鮮度」。舉例來說，聽樂曲的時候，音樂的音符是一個接一個的進入我們的聽覺之中，使我們感受到樂曲的變化，如果不是這樣，第一個聽到的聲音將一直保持在耳邊，後來出現的聲音就聽不到。相同的道理，如果早上食物中的辣椒味道不會消失，一直保留至晚上，會是怎樣的一個情況？

但是假如相同的刺激不斷重複出現，便會開始出現「感覺疲乏」的情形。「入芝蘭之室，久而不聞其香」，進入滿是香味的房間，一開頭聞到很濃

補充

感覺適應是由於感覺細胞疲乏的結果。神經細胞在接受刺激，激發衝動電位之後，必須要有短暫的「休息」（讓神經電位的改變恢復），用以恢復並準備發出下一個神經衝動；因為不斷被重複刺激，逐漸地恢復越來越慢，最後即使受到足夠的刺激，也不會有神經衝動發出。這是神經細胞的一種生理現象。

的芳香，但逐漸不覺得很香，這就是感覺適應的現象。我們的皮膚，對於身上穿的衣物，頭上戴的帽子，腳上的襪子，也都會有適應的情形，不會時刻都感覺到衣物對身體的磨擦而覺得不適。感覺適應的結果，讓我們可以忽略掉一成不變的刺激，把注意力集中在外界事物的「改變」之上。比如搭火車的時候，我們能津津有味的專注於身邊人與人之間交談的內容或是車外的景象，而可以忽略隆隆的火車行進聲。

感覺器官也能夠很快地因應刺激的大幅改變。以視覺為例，假若從光線很亮的地方走進黑暗的房間（例如：電影院），數秒之後，就會適應微弱的光線，開始可以看見身邊的環境；從暗處走到亮處時，也是相同的道理。但這些適應能力是有限度的，比如夜間開車，適應了黑暗的路面，如果被前方來車的車燈突然照射眼睛，會暫時看不清楚，而容易發生意外。

夜間開車要小心！

啊！好亮、好刺眼喔！

有趣的問題

請另外準備好一張白紙在旁邊，然後注視圖中的中央黑點約三分鐘，
再將視線移開看著白紙。

白紙會出現不一樣顏色的影像，
這種影像稱為「後像」，
後像是「視覺疲乏」的結果。

知覺不僅是被動注意感覺的訊息，而且有主動建構的作用。

3-2 知覺歷程

知覺歷程，是指如何將傳遞進來的訊號，組織、轉變成為「可理解的經驗」的過程。

我們各個感覺器官，不斷的有大量的感覺湧進來，但我們並非照單全收，因為知覺不僅是被動注意感覺的訊息，而且有主動建構的作用。知覺歷程是指把這些傳進來的訊號，組織轉變成為「可理解的經驗」的過程。

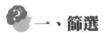

一、篩選

知覺歷程其實是複雜的，我們可以簡單的將它比喻成一個篩選器，這過程決定哪些訊號或哪些感覺是應該注意的，然後再予以「解讀」。請凝視右圖，你認為它是什麼？是個立方體！沒錯，不過，再仔細瞧瞧，它似乎不太一樣了，它的正面，好像會變換到後方，可以被看成另一個放置角度不同的立方體。有趣的是，原本是在平面紙上的一個圖，卻被我們視為立體的物品。

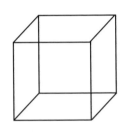

因為知覺的作用，我們會將平面紙上的一個圖，看待為一個立體的物品。

原因就在於我們依靠知覺的作用，以特定的方式將感覺作出判斷解釋，使得各式各樣的訊息成為合理、有助於我們生活的有用資料。我們遠古的祖先要生存，就要有分辨環境的各種訊號的能力，比如身旁的沙沙聲，是來襲的野獸，應該趕快逃走？或只是風吹落葉的聲音，可以安心的休息？遠方的

物體，看起來像是一棵果樹，還是一堆不能吃的石頭？諸如此類的種種問題，都必須有「答案」。知覺幫我們篩選，以便做判斷及反應。

二、處理過程

除了辨別，從「感覺」到「知覺」還涉及了假設、邏輯判斷、決定等作用。由於大部分都在我們不自覺中很快就完成了，我們甚少去注意知覺是怎樣得到最後的結果。比如在人潮洶湧的車站，我們可以立刻由遠遠走過來的眾人中認出親人臉龐；打開冰箱的時候，我們不用費心就能「知道」冰箱中哪個是「飲料」。

這是青菜，不是水果！

既然知覺歷程已經影響了感覺的直接感受，那究竟什麼才是這世界真正的面貌呢？心理學家提出以下兩種知覺處理的過程來解釋：

（一）「由底朝上」的處理

外界的訊息被接收之後，觸發我們內在一系列的反應、處理程序，使我們得以知悉這世界的情況。

（二）「由頂朝下」的處理

我們內在的概念主導了處理的程序，對外界的訊息作反應時，把自己的經驗、期望，加入處理的過程中，產生主觀的知覺印象。

畢竟，人思考自己的知覺歷程，難免要質疑自身是否足夠客觀、是否能獲得全然的「真實」？期望人們未來在心理學研究的進展，能找到更多的答案。

深度知覺、運動知覺、形狀知覺，都有不同的特色。

3-3 知覺的特性

知覺的運作，具有一些特性，用以確保我們的抉擇反應可以正確。

知覺的運作，使得我們用有系統的方式來看待這個世界，確保我們的抉擇是「正確」的，而不是可能致命的誤判。有關知覺歷程的問題，有許多的研究，也有不同的見解和爭辯，下面說明其中的一些觀點。

一、深度知覺

深度知覺是關於空間感、立體感、對物體的大小、遠近的感受的知覺，底下的平面圖是深度知覺的例子。在同一個平面的兩個長方形，位置越靠近，進而重疊時，彼此一前一後的感覺會更明顯。顏色亮度的差別也有相同的效果。

前面三個圖，隨著距離的變化，兩個長方形一前一後的感覺更明顯了！第四個圖是亮度差異對深度知覺的影響。

逐漸接近的兩條直線，會帶來朝向遠方延伸的距離感。

如果其他附加的線索越多，更容易產生遠近的判斷。例如：鐵軌、長廊。繪畫使用的透視法，是很好的例證。

如下圖，線條的局部變化，就能讓我們產生深度的知覺。

前端漸進的兩條線，感覺會在盡頭相交。

另外，大小、陰影也會影響我們的深度知覺。相同影像，大小不同時，較大的影像讓人覺得距離較近；而陰影會使得物品看起來更立體化。

大圓好像離我們比較近。

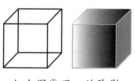

加上深淺不一的陰影
看來更有立體感。

和視覺類似，聽覺是藉由比較兩側耳朵聽到聲音的先後、大小的差異，可以提供我們聲音的來源與遠近，感受到聲音的「深度」。立體音效就是這樣的原理，在狹小的空間裡，利用不同位置的喇叭與發聲的強弱快慢，仿造出廣闊的臨場感。

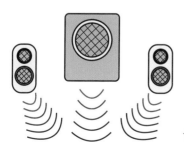

音源位置不同，產生立體音效。

？二、運動知覺

物體是靜止或正在運動，對我們有截然不同的意義，一部停放在身邊的汽車，和迎面而來的車子，差別可是很大的！問題是，我們是如何知覺物體的運動呢？

我們可用電影片的道理來說明，看電影時，電影螢幕本身是沒有動的，如果看到一個影像在螢幕上變得越來越大！我們會解釋成它正朝向我們過來。意即「物體變大」，是知覺解釋「物體正在運動」的一種方式。

是橋在動？還是水在動？

運動知覺和物體相對位置的變化也有關係。在電影銀幕上沿著某個方向逐漸變換位置的人物影像，會被認為人物正往該方向移動；假如物體影像人物的位置沒有改變，但背景移動了，看起來也是像物體正在移動，走馬燈的原理就是如此。還有假如我們站在橋上，看著底下的水流動，有時會有橋正在移動的感覺。

上面是我們自身靜止時的情況，但視覺不單是一部攝影機而已，如果我們轉動頭部，或者走路、跑步、搭車時，運動知覺仍可以精細的自動調整，使我們的視覺能看到穩定的景象，而不會像晃動中的鏡頭拍出模糊、不穩定的畫面。

？三、形狀知覺

有趣的問題

這是心理學家柏林格（Boring，1930）的作品「老婦與少女」。請問你看到的是老婦還是少女？

對形狀的了解最主要是來自視覺，形狀知覺讓我們能辨識看到的是什麼東西。

下圖看來是隻狗，而不像白紙的破洞，因為我們會把圖形看待為物體本身和背景兩個部分，這個作用稱為「視覺分離」。

因為視覺分離的作用，我們會看出「狗」的形狀。

（參考：洪蘭譯，2001）

我們常用生活中熟悉的事物來解釋圖形，比如躺在草地上仰望天空的白雲，會覺得雲朵裡有各式各樣、我們認識或想像中的影像。

知覺組織原理，是指人們簡化訊息的法則，以下是例子。

1. 鄰近法則：相靠近的物體，會被歸類為同一組。

一排有6個圈圈，相靠近的圈圈會看成是同一組。

2. 有相似特徵的東西，容易被當成一體。

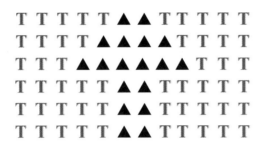

3. 儘管圖形被干擾中斷，但仍被視為是連續線。

4. 閉合性：不完全的圖形，缺口會被忽略而看成是完整的。

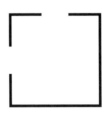

參考：James S Naime 著，心理學——適應環境的 x 心靈。

知覺歷程會因許多情況而產生偏差。

3-4 影響知覺的心理歷程

省察自己知覺事物的心理傾向，可以增加對自我的了解。

 一、影響知覺的心理因素

（一）注意力

注意力分散時，知覺到較少的訊息，甚至有恍惚感（例如：早上剛睡醒時）。專注會對事物印象深刻，但也可能因過度集中於某一點而忽略了其他部分。

（二）情緒狀態

「境由心轉」，情緒大多會干擾知覺的作用，因而對相同的環境產生不同的知覺結果。快樂時，覺得萬物燦爛、天空變得更藍更美麗；悲傷時，食不知味、動人的音樂也不覺得悅耳；驚恐時，有些知覺會變得更敏銳（比如聽覺與視覺），但有些知覺會變遲鈍（比如痛覺）。平穩的情緒，對感受會有較好的覺察。

（三）期望

期望會改變知覺的感受。炎熱口渴時，飲水變得比平時甜美；等待放學的學生會特別注意到下課鐘聲。然而，高度的期望有時會造成錯覺，例如：在街頭等人時，常會誤把他人當成心中期待的人物。

有趣的問題

1. 阿明邊吃飯邊看電視影集，劇情精彩，引人入勝，以致食不知味。請問什麼影響了阿明對味覺的反應？
2. 小英騎車經過斜坡路段，沒有小心減速，因而摔倒，驚魂甫定回到家才覺得手部疼痛，原來是擦傷流血了。請問什麼影響了小英對痛覺的反應？
3. 戀愛中的情侶，常用「一日不見，如隔三秋」來形容對情人的想念。請問什麼影響了對時間的感受？

（四）過去的經驗

經驗及學習會改變知覺的方式，阿兵哥對「立正」的口令，感受會和一般人不同；原本看似豆芽菜的線條，經由學習就成為可辨認、有意義的外國文字。由於成長環境、文化背景等因素深深的影響我們的知覺過程，因此人們常常會用舊經驗來解釋新事物。

二、其他影響知覺的因素

影響知覺的因素，有些是外來的影響，有的是因為疾病造成，還有些是人為的情況下發生的。

（一）精神疾病

有些精神疾病會出現知覺異常的現象，比如患者會覺得聽見聲音，但事實上卻沒有人，這是聽幻覺的現象，必須就醫治療。在第十章會說明精神疾病。

（二）精神作用物質

會對神經系統產生影響的物質稱為精神作用物質，其中有些是自然界本來就有的，如：酒精、煙草、大麻、嗎啡、茶、咖啡等；有些是人工合成的，如：安非他命、海洛因、幻覺劑等。這些物質會影響身體器官，也會影響腦部的思考、情緒、感覺、運動、睡眠等功能，比如幻覺劑會造成知覺改變、扭曲，酒精會使知覺遲鈍，安非他命會造成幻覺。這些物質會很快使人產生依賴性，也就是藥物成癮，有些更會造成腦部傷害以及精神疾病。

（三）身體狀態

身體或生理的異常，比如發高燒、癲癇發作等，會發生知覺的改變。

（四）催眠

催眠可以誘導人們進入放鬆、受暗示性較強的情況，催眠也可以用來使人減輕焦慮不安或是降低痛覺反應。

（五）冥想

冥想是一種注意力非常集中的狀態，冥想當中會使知覺比平時更敏銳。

補充

催眠（hypnosis）的字眼是源於「Hypnos」，後者是希臘神話中的睡眠之神。然而，睡眠遠不同於催眠，除了在一些情況中，被催眠者的「外觀」很像是正處於深度放鬆、睡眠似的狀態。

假使人們已真正入睡的話，他們無法對催眠產生反應。催眠的寬廣定義是：它是透過一些技術誘導的一種不同的覺知狀態，當事人在這種狀態下容易對外界的暗示（suggestion）起反應，而且伴隨知覺、記憶、動機和自我控制感等方面的變化。

在催眠狀態下，當事人產生對於催眠者的暗示增高的感應性他們通常感到自己的行為很自然就表現出來，不需要特別的意圖或任何意識的努力。

因此當事人在催眠狀態下，感應關於運動能力的暗示（例如：他們的手臂變得不能彎曲），也感應關於知覺經驗的暗示（例如：他們產生蒼蠅的幻覺）。但無庸置疑的，催眠的最大用途之一是它減輕疼痛（稱為催眠性止痛 hypnotic analgesia）的能力。
（游恆山譯(b)，2014，p.126）

答案

P41 有趣的問題：

1. 注意力的影響。

2. 驚恐的情緒影響。

3. 期望的影響。

P.S. 除了答案所提到，另還有其他腦部的因素。

我們並非「如其本然」地知覺事物的全貌。

3-5 感覺與知覺的差異

透過感覺器官，以及知覺主動建構，我們僅得知「一部分」的外在世界。

　　平時我們並不會特別注意到感覺（sensation）與知覺（perception）這兩個用詞有何差異，簡單來說，「感覺」是指刺激如何變成我們能夠覺察的訊號，「知覺」是指這些傳來的信息，怎樣成為有組織、有意義的最終體驗。

　　本節我們從生活經驗中尋找例子，藉以明瞭我們對外界訊息覺察的過程。如下面的圖，簡單表示了「刺激→感覺→知覺」的過程。我們並非「如其本然」地知覺事物的全貌，透過感覺器官，以及知覺主動建構，我們僅得知「一部分」的外在世界。

從「刺激→感覺→知覺」的過程，是篩選及主動建構。

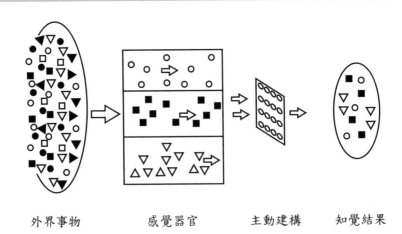

外界事物　　　　感覺器官　　　　主動建構　　　　知覺結果

打個比方，就像看電影中的情節與聲光效果，其實是經過取景、錄影拍攝、剪接影片、導演刻意編排之後的成果。

感覺歷程與知覺歷程的比較

	感覺歷程	知覺歷程
定義	指刺激如何變成我們能夠的察覺的訊號。	指訊息如何成為有組織、有意義的最終體驗。
產生過程	訊息刺激達到閾值以上，經過感覺器官的接收，以及神經細胞的傳遞，到達大腦皮質，才產生感覺。	將接收到的感覺訊號，經由內在的主動建構的作用，把訊號組織成為可理解的經驗。
影響因素	刺激的性質、強度、感覺器官的狀況、是否產生感覺疲乏。	心理因素：注意力、情緒狀態、期望、過去的經驗。 非心理因素：精神疾病、精神作用物質、身體狀態、催眠作用、冥想。

有趣的問題

老王到國外旅遊，走在人擠人紛嚷的街上，突然，聽到前方遠處傳來胡琴聲，拉奏出家鄉的樂曲，不由得非常感動，熱淚盈眶。請你舉出其中影響知覺的因素。

代表學者有華森、巴夫洛夫、斯金納等人，他們的論點發展成為「行為論」或稱「行為主義」。

對學習歷程的研究成果，已被廣泛的應用到我們的生活，例如學校教育、行為塑造、犯罪預防、醫療等方面。

如同其他的學習過程，習慣化和敏感化也涉及神經細胞的改變。

4-1
學習的
基本歷程

4-2
學習的
理論

4-3
習慣化與
敏感化

人類擁有突出的思考能力，能夠分析、解決問題，做出有利的決定，還能發明、創新。

心理學家把記憶的運作，分為編碼、貯存、提取三個部分。

4-4
記憶的
運作

4-5
遺忘

4-6
思考

遺忘是指記憶的衰退消失，或是失去真確性。

人類是地球上唯一會利用語言傳播知識、與他人溝通、書寫文字的生物。

4-7
語言使用

4-8
推理與
問題解決

4-9
有效的
學習策略

找出有效率的學習方式，可以讓學習過程事半功倍。

針對不同類型的問題解答，可將推理分為：歸納推理、演繹推理、辨證推理。

CHAPTER

4

學習、記憶與思考

學習並非只是在學校的教室裡進行。

4-1 學習的基本歷程

對學習歷程的研究成果，已被廣泛的應用到我們的生活，例如：學校教育、行為塑造、犯罪預防、醫療等方面。

　　學習並非只是在學校的教室裡進行，從簡單的拿湯匙吃東西到高難度的特技表演、由咿呀學語成為滔滔雄辯的演說家，都是學習的結果。大大小小的、我們會做的事，幾乎都是學習得來，人一生可說是在學習中度過的。

　　假如我們教會鸚鵡說「恭喜發財！」，或是黑猩猩懂得按打字機，常覺得十分神奇而讚嘆，因為其他動物學習人類的行為是很困難的。但我們似乎每天都不停地在學習新事物、新技巧，學習如此的重要，它是如何完成的呢？

　　這端賴人類腦部的特有能力：人類擁有超越其他生物的學習與思考能力，並且能使用語言傳播訊息和知識。如第二章所言，這些腦部的重要功能，不是單獨運作，而是人為的區分。

一、本能與學習

　　本能與學習是相對應的，生物的行為，部分來自天生的本能，部分是後天經驗的學習。比如蜜蜂築巢是本能的行為，而動物園的長頸鹿彎下頭來吃花生顯然是遊客給牠的經驗。

> **補充**
>
> 法國科學家馬拉爾迪 (Giacomo Filippo Maraldi，1665-1729) 曾對蜂巢進行過仔細的觀察研究。他發現每個蜂房的孔洞和底部都是六邊形，如果將個蜂房底部分為三個菱形截面，則每個銳角都接近 72°、每個鈍角都接近 109°。

　　要明確區分先天、後天的行為並不容易，生物的行為可說本能加上對環境適應的整體結果。以人類而言，學習所得遠超出自身的本能，且人的學習所得，無法直接從腦海中「測量」出來，只能由觀察外在的行為表現來推論學習的結果。因此「學習」的定義是：「經驗所造成的行為改變，或是產生潛在的反應。」

　　人類學習還涉及記憶和思考的功能，在腦細胞中，學習成功，或可說是腦細胞間產生有效的新連結，以及在細胞中留下某種學習的「痕跡」。用比喻來解釋，假如手臂被撞了一下，立刻腫起一塊，這是「改變」；如果當時沒異樣，但是逐漸隱隱作痛，顯然是撞到所造成，那是「潛在的反應」。

　　學習來自經驗，不包括本能的行為。比如原本不會騎腳踏車，經過練習之後就會了；或是聽過的一首歌，在幾天後不自覺地哼唱出來。我們並不一定得要學得一模一樣或「全部學會」才是學習，但假如學習不能從行為中呈現，我們就很難確定學習是是否有達成。

　　相較於人類，動物的學習較簡單且容易實驗觀察。科學家們認為動物和人類的學習過程大致上是類似的，因此對於學習過程有許多動物的研究。

補充

另一位法國科學家雷奧米爾 (Rene-Antoine Ferchault de Reaumur，1683-1757) 提出了一個猜想：他認為這樣的角度，可以用最少的材料來建造相同容積的蜂房。

和學習相關的理論，許多來自對行為的研究。

4-2 學習的理論

代表學者有華森、巴夫洛夫、斯金納等人，他們的論點發展成為「行為論」或稱「行為主義」。

和學習相關的理論，有許多來自對行為的研究，代表學者有華森（J.B.Watson，1878～1958）、巴夫洛夫（I.P. Pavlov，1849～1936）、斯金納（B. F. Skinner，1904～1990）等人，他們的論點發展成為「行為論」，或叫「行為主義」。行為主義主張一切的行為都是由刺激和反應連結而形成的，所以又稱為「刺激－反應」心理學。以下的古典制約和操作制約是兩個很重要的行為理論。

一、古典制約

俄國的生理學家巴夫洛夫（I. P. Pavlov，1849～1936），在研究狗的消化系統反應時，注意到狗進食時，不僅是食物進入口中會引發唾液分泌，連看到食物的盤子、聽到餵食人員的腳步聲時，也會有唾液分泌的反應。於是他設計了實驗，每次在給狗進食之前，讓狗聽特定的聲音，比如搖鈴聲，經過一段時日後，雖然沒有食物出現，但當狗聽見搖鈴的聲音時，一樣會有唾液分泌的反應。

巴夫洛夫的實驗說明了食物與搖鈴聲經常一起出現的經驗，使得原本對狗不會有影響的鈴聲，也會讓狗產生反應。後來，巴夫洛夫把他一系列的研究發現，寫成一本名為「制約反應」的書，他發現的過程又稱為古典制約。

在古典制約中，原本自然即有的刺激與對刺激的反應，分別叫做非制約刺激及非制約反應。上面的實驗裡，「食物」是非制約刺激，「食物會

引起唾液分泌」是非制約反應。後面再給予的特定
刺激，和原本的非制約刺激配對一起發生後，逐漸
地，單獨的特定刺激也可引起反應，這個特定刺激
稱做制約刺激，引發的反應稱做制約反應。在上面
的實驗中，「鈴聲」就是制約刺激，「鈴聲會引起
唾液分泌」就是制約反應。

（引用：游恆山譯(b)，
2014，p.139）

　　制約反應中，狗對鈴聲的反應漸漸增加的過
程，叫作習得（acquisition），習得的反應在開始
是微弱的，隨著刺激配對出現的次數增加，習得的
反應會迅速地增強。制約反應形成以後，如果用類
似的方式刺激（比如相似的鈴聲），制約反應也會
發生，這種情況稱為類化，也就是類推到相似的情
境中仍可以有反應。

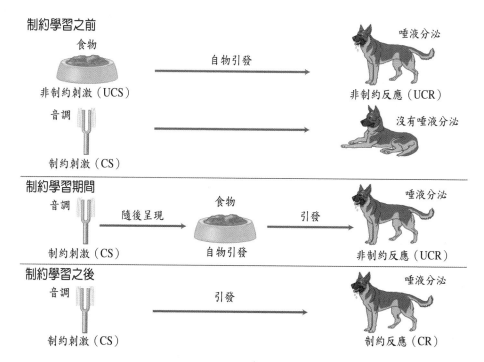

（引用：游恆山譯(b)，2014，p.140）

假如用類似的制約刺激給狗，但有的和食物配合出現，有的沒有食物出現，則狗也能學會分辨這些類似的刺激，有反應或者不發生反應，這稱為區辨。不過倘若制約刺激每次都不再和食物配對出現，狗對鈴聲的反應就會逐漸減少，這情形叫做消弱現象。習得、類化、區辨、消弱等現象在學習的歷程中是很有用的方式。

華森（Watson）研究幼兒的恐懼反應，發現如果幼兒在觸摸毛茸茸的物品（例如：毛毯）時，剛好有很大的聲響（比如：打雷的聲音），而使得幼兒感到害怕，那麼幼兒可能會將毛茸茸的物品和可怕的雷聲連結，因而對其他毛茸茸的東西，像是兔子、老鼠等，也會有恐懼的反應。

二、操作制約

操作制約的實驗和古典制約兩者起始的年代相近，但經過之後的發展，已成為現代很重要的理論。斯金納（B. F. Skinner）曾設計一種實驗箱，箱內有一個槓桿棒，觸壓槓桿可以出現預先設計的結果，例如：出現食物丸。斯金納在箱中放入老鼠，起初老鼠可能偶然地壓到槓桿而獲得食物丸，漸漸老鼠就有不斷壓槓桿以獲取食物丸的動作。斯金納認為得到食物增加了老鼠的特定行為反應，他把這過程叫作「正增強」。

斯金納另一個設計是在箱子底板放置金屬絲網，可以電擊老鼠的腳部，假如在實驗中每十秒老鼠會受電擊一次，但老鼠壓到了槓桿，則可以停止電擊

補充

「一朝被蛇咬，十年怕草繩」，僅僅是一次被蛇所咬，卻有強烈的記憶，甚至對不相干的草繩也感到害怕。這是一種「制約反應」學習，與華森對幼兒恐懼反應所做的研究類似。

人被蛇咬時，由於當時有很強烈的恐懼情緒與生理反應，因此把「蛇」和「恐懼」、「疼痛」等反應連結在一起（制約反應）。而且，往後對草繩（制約刺激）這種與蛇形狀類似的東西，也會有恐懼的反應（類化），這種效應可能會持續很久，不易消除（消弱）。

一分鐘，那麼老鼠壓槓桿的行為，也會逐漸增加，這也是一種增強，稱為「負增強」，因為是用減少痛苦（躲避被電擊）的方式來增加行為發生的頻率。

「正增強」是指給予獎賞（reward），例如：食物、誇獎、金錢等，假如在某一特定行為（比如鴿子啄按鈕）出現後，給予增強物（比如穀粒）作為獎賞，逐漸鴿子出現啄按鈕的行為頻率增加，則可以說這個行為被「增強」了。

「負增強」同樣也是使某一特定行為增加，但是它是利用停止嫌惡的刺激，這些嫌惡的刺激稱為「負增強物」，例如：電擊、責備、罰錢等。假如，給鴿子輕微的電擊，在某一特定行為（比如鴿子去啄按鈕）出現之後，讓嫌惡的刺激停止（比如停止輕微的電擊），鴿子為了躲避電擊，啄按鈕的行為頻率逐漸增加，也可以說這個行為被「增強」了。

利用操作外界環境的改變、利用工具學習的方法來訓練行為的過程稱為操作制約，或「工具制約」。

補充

「增強」是指讓某一特定行為增加，而用來增加此一特定行為的物品或方法，稱為「增強物」。

正增強
獎賞（增強物） 例如：食物、誇獎、金錢等
給予（＋，正）
特定行為出現後 ↓ 給予獎賞
特定行為頻率增加 （被增強）

負增強
嫌惡的刺激（負增強物） 例如：電擊、責備、罰錢等
給予（－，負）
特定行為出現後 ↓ 停止嫌惡的刺激
特定行為頻率增加 （被增強）

斯金納的操作箱

槓桿　食杯　食物分送容器

動物和人類都會本能地注意新奇的事物。

4-3 習慣化與敏感化

如同其他的學習過程，習慣化和敏感化也涉及神經細胞的改變。

　　動物和人類都會本能地注意新奇的事物，但學習會產生「習慣化」的現象。比如第一次見到阿里山日出景觀的讚嘆，與第十次是不同的。俗話說「習慣成自然」、「見怪不怪」，是指經歷多次的事物，由生疏到熟悉、驚訝到覺得不足為奇的過程。

　　水塘裡的魚，對突然出現在水面的人影會急速地迴避，不過如果人影不動一段時間，魚兒會逐漸降低警戒而游近。動物對環境突然的變動採取立即反應是生存的要件，但是假如無法從經驗中學習，對於外界每個變化都是相同的驚逃反應，勢必耗費能量，也不利存活。

補充

關於習慣化和敏感化，我們應該將它們視為是種「現象」，這現象有兩層意義，其一是接收刺激之後的反應，變少（習慣化）或變多（敏感化）了。其二是，刺激之後的行為反應，以不加思索、自動化的方式完成。
如同其他的學習過程，習慣化和敏感化也涉及神經細胞的改變。

（一）習慣化

使我們生活中的各種動作，例如：打電話、用筷子吃飯、寫字、開車，都能很順暢地自動完成。比如學騎腳踏車，起初必須困難地維持平衡、注意四肢的動作協調，熟悉之後大腦就如同將這些複雜的動作交代它自動執行一般，不必再費心思考（此時該踩左腳？還是右腳？），而可以把注意力轉移到其他的地方，如去注意四面八方的交通狀況等。

天天投籃練習，投籃很神準！

（二）敏感化

是學習的另一種現象，假若環境變化的刺激重複出現，可能發生越來越強的反應。例如：我們會對電話鈴聲、警察哨音等有很快的反應，研究推測強度高的刺激比較可能產生「敏感化」的學習。

一朝被蛇咬，心裡害怕！

我們無法隨心所欲地「記住想記憶的，忘掉想遺忘的」。

4-4 記憶的運作

心理學家把記憶的運作，分為編碼、貯存、提取三個部分。

擁有好記性是大家所羨慕的，但記憶並不只是用來回答考卷中的問題，要掌握應用身邊、生活中的事物，必須要有記憶的能力。有些記憶看似微不足道，比如自己的名字、家住哪邊、電話號碼、同學的臉孔、上學搭車的路線、學校的座位等，但記不得這些可不是好玩的事；此外，以文字符號為例，要能閱讀像普通心理學這樣一本書，就必須已經學會數千個文字。生活當中，人們所記住的物品名稱可能有數萬個以上。還有許多不被注意到的記憶，像是各種食物的味道、說話必須有的抑揚頓挫、各種東西質料的觸感、難以數記的視覺影像記憶等，可見大腦能記憶的實在太多。

不少人會覺得自己記憶力不好，這是指我們對於要記住的，卻想不起來，或只有含糊的印象，換言之，就是遺忘，但遺忘其實是必然會發生的。我們無法隨心所欲地「記住想記憶的，忘掉想遺忘的」，但更加了解記憶的過程，對於善用記憶能力是有幫助的。

心理學家把記憶的運作，分為編碼、貯存、提取三個部分，以下分別予以說明。

記憶的運作

1. 編碼
將感覺所接收的原始訊息，轉變成可以處理的信號碼。

2. 記憶的貯存
(1)感官記憶
(2)短期記憶
(3)長期記憶

3. 記憶的提取
依當初貯存的方式線索，或伴隨強列情緒等因素，提起記憶的速率會有所不同。

一、記憶的形成與編碼

以前的學者認為人的大腦像是個倉庫一樣，記住的東西就像貨物一樣堆放在倉庫中，需要想起時，就將它找出來。現代的心理學家認為記憶是一系列複雜的腦部活動，是主動處理與組織的過程，不是貨物般囤積的個別記憶，而是一個整體、有架構的記憶。

「編碼」是指將感覺所接收的原始訊息，轉變為容易處理的信號碼。就好像是書本在圖書館放上書架之前，先編號、貼標籤，而不是亂糟糟的任意堆放。

研究發現和記憶形成最有關係的是在大腦的「海馬迴」和它附近的部位，證據是來自於一些腦部海馬迴受傷的人，他們出現無法記憶的情況。對他們來說，幾分鐘前的事，過一會兒隨即忘掉，就彷彿未曾發生過一樣。

神經分子生物學的研究發現，長久的記憶形成之後，會在腦神經中形成細胞的永久構造改變，稱為「記憶痕跡」，但我們並無法將這些腦細胞的細微構造改變與任何一個「記憶」比對連結，比如「書本」兩個字，不能說哪個或哪些細胞分別記憶了「書」、「本」這個字或「書本」這個名詞。

補充

編碼是指記憶經過某些特定方式的編排，「放入」腦細胞中。雖然我們尚未明白腦部如何編碼，但編碼不只是單純的囤積。

補充

與記憶的形成最有關的「硬體」是海馬迴和它附近的部位，存放記憶的地方則普遍位於腦中許多部位，特別是大腦皮質。「記憶痕跡」是記憶形成的證據，類似磁碟寫入資料時，磁軌磁區上面會有磁性的改變。

二、記憶的貯存

以存留時間的長短來看，記憶可分為感官記憶、短期記憶與長期記憶，這個分類也代表記憶形

成的階段，就是先有感官記憶、再成為短期記憶與長期記憶。

（一）感官記憶

感覺能讓我們產生的印象是非常短暫的，一個亮光、聲響、手指的輕觸，只在記憶中保留數秒或更短的時間，隨即消失，稱為感官記憶。感官記憶能迅速、忠實地呈現環境的訊息，但未予注意，很少能進到腦中貯存起來。

（二）短期記憶

短期記憶是眼前當下的記憶，可以比喻為記憶的「現在進行式」，其特性是很快就會遺忘。比方我們和朋友天南地北聊天，如果突然被打斷，問起交談的細節，或許可以說出正在談論的事，但之前說些什麼，可能會答不出來。因為短期記憶貯存的容納量是很有限的，人們一次可以記住的，大約是七個數字或字母左右，比如「4917306」或「KTWQPHC」。

短期記憶的作用類似一個狹小的接待窗口，必須迅速處理大量湧入的顧客，由於人手少，能接待的顧客有限，因此大部分的顧客不耐久候就離開了。我們每天接收大量的訊息中，真正能記憶的並不多，也因為短期記憶快速地遺忘，我們的記憶才不至被不需要的訊息占據。以電話接線生為例，在處理下一通電話之前，要能夠很快地把之前的電話號碼忘掉，否則將很難順利的繼續工作。

短期記憶又可稱為「工作記憶」（working

「訊息」最初在感官記憶和工作記憶中編碼，然後被移交到長期記憶以供貯存，「訊息」也從長期記憶被移轉到工作記憶以供提取。

memory），意即正在工作中，努力應付當前的訊息，儘量把不需要的立刻忽略，或使用過之後馬上拋掉，只讓少數訊息進入長期記憶。

（三）長期記憶

　　長期記憶是已經存放在腦海中，必須用回憶方式喚回的記憶，可以把它比喻為記憶的「過去式」，因為與眼前的新鮮事比起來，所有的記憶都算是「以前的」。相對於短期記憶，長期記憶容量是很大的，而且是以很有組織的方式存放著。大腦皮質上有視覺記憶區、語言區、感覺區等，都和記憶的貯存有關，假如這些地方受損，相關的記憶就會消失。

　　記憶和知覺一樣，有主動組織、建構的作用，通常會和腦中原本的記憶連結。也就是說，我們會很自然地利用已經有的知識去吸收新知識，形成一個整體、有架構的記憶。

　　視覺影像記憶，或稱為心像，是非常有效的記憶方式。比如要背誦李白的五言絕句夜思，腦中影像浮現一個人側臥床上，伸手探觸床緣月亮的光影，以及臉部低頭思念的表情模樣，就可以很快記住這首詩。或者你不記得嘉義在哪裡，但知道雲林和臺南，於是假想三個棋子，上方放著雲林，下方是臺南，再把嘉義擺到中間，就會有深刻的印象。

　　除了心像，利用押韻，或是聯想的技巧也有很好的效果。避免散亂無章的記誦，經過用心的組織，可以保有清晰的記憶。

補充

心理學家把長期記憶分為幾個基本種類：

情節記憶：指個人過去生活經驗的記憶，尤其是具有特殊意義的事件，比如某次過生日，當時情景的細節，甚至還依稀記得生日蛋糕的味道等。

語意記憶：指對這個世界各種客觀知識的記憶，例如：知道臺灣第一高峰是「玉山」，傳說中創造文字的是「倉頡」。

程序記憶：指生活中各項技能的記憶，包括如何打棒球、騎腳踏車、刷牙洗臉等動作的記憶。

三、記憶的提取

大概每個人的經驗裡，都曾經有回想事情，覺得明明記住了，卻一時怎麼也想不出來的情況。回憶有時看似是自然而然的事，例如：要說：「今天真是個天氣晴朗的好日子！」這樣一句話，不必在腦中一字一字的找到，再湊起來使用，而我們也無法說明自己是怎麼辦到的。但經由心理學家的研究，發現記憶提取仍是有些法則可以依循的。

如果環境條件和當初記憶形成時類似或相同，回憶的效率會好很多。有個實驗是讓一個人分別在陸地上以及潛到水中記憶物品，之後做回憶測驗，結果是在陸地上所記憶的物品，在陸地上回憶得比較多，而在水中記憶的物品，潛回到水裡時，回憶得較多。另外，精心組織、處理過的記憶，回憶會變得較簡單，例如：原本複雜的資料，如果整理成圖表或腦中一幅心像，要回憶時只要回想這個心像就可以了（比如把化學實驗的步驟，整理成腦中的一個流程圖）。

由於記憶常依靠原有的知識建立，如果有適當的線索，就能提取相關的記憶。比如英文單字blacksmith 是鐵匠，鐵匠常會弄黑衣服，因此如果想到黑色的，就可以想起這個單字。進行機智問答時，給予提示可以讓回答者想到答案，是相同的道理。

伴隨強烈情緒的記憶往往很深刻，也容易由些許的暗示而喚出記憶。比如某人長年在外，對幼時的記憶已經毫無印象，但如果返回故鄉，走到曾經玩耍的大樹旁，童年的情景可能就全部湧現出來。

補充

請準備二十種不同的小物品，或是寫上物品名稱的小卡片，在限定的時間內（約如三分鐘）來進行記憶術的訓練。

你要如何在短時間內記得更多呢？請利用這個測驗，發明屬於你自己的一套心像記憶（不限時間），將二十項物品都記住並回憶出來。請發表你記憶的方式。

記憶會累積，但也會隨著歲月而逐漸模糊。

4-5 遺忘

遺忘是指記憶的衰退消失，或是失去真確性。

所謂遺忘就是對於曾經記憶過的東西不能再認得，也不能回憶起來，或是失去真確性。就記憶失真而言，記憶者可能堅持他所記是正確的，這種情況下，他腦中或許確實有一個牢固的記憶，不過對於真確的事實來講，遺忘還是發生了。我們為什麼會遺忘呢？

一、記憶衰退

已經貯存的記憶為何會衰退？如何衰退？我們可以假想記憶像山丘一般，經過長年風雨的侵蝕，總會改變、消失，但這樣的說法並不能解釋為什麼有些時間久遠的記憶反而比近幾天的記憶更清楚。另外一種理論是認為舊有的記憶會受到後面記憶逐漸累積的干擾，好像壓在箱底的舊書，不容易找到，不過記憶仍是存在的。不論是干擾或衰退的觀點，目前仍沒有完善的理論可以充分的解釋遺忘的原因。

通常和個人切身相關的資料是很難遺忘的，例如：姓名、生日等，生活中每天應用的記憶也是如此，知識性的記憶就忘得比較快。另外，剛記住的事物，有迅速衰退的特性，尤其是在開頭的短時間

補充

能夠遺忘有時是必要的，比如騎車出門，每次會停放不同的地方，對停車地點的記憶要能「更新」，也就是把它遺忘，然後再記住新的地點。

內忘得最多,因此,就學習的時機而言,剛學到的東西,如果儘快的回憶複習,就比較不會忘記,好比是「鞏固」腦中的記憶一樣。

德國心理學家艾賓浩斯(Hermann Ebbinghaus)1885 年出版了《關於記憶》一書,裡面提到一個試驗。他試圖背誦一組由「子音-母音-子音」三個字母組成的、無意義的音節列表,例如:CEG、DAX 等;他觀察自己需要多長時間才能把列表背誦下來,作為自己學習速度的量度。在一段時間後,他再檢查自己需要通讀多少遍才能再一次背出列表。結果他發現了一些遺忘規律:先學習到的知識一開始會以很快的速度被遺忘,然後會緩慢下來;而已經長時間記住的東西,則很難被徹底忘記。這就是著名的「遺忘曲線」。

艾賓浩斯的遺忘曲線

可以看到在學習完成後,曲線一開始會快速下降,然後下降速度會逐漸減緩。

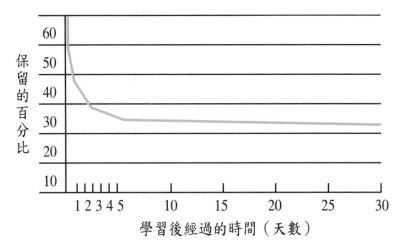

二、記憶的干擾與失真

因為記憶是建設、再建設的過程，舊有記憶有可能被新的記憶干擾、取代、重新組合，保留的記憶是否真實難免使人懷疑。假如讓人一再重述對某段事件的回憶，並且給予不實的暗示，受試者的記憶有可能受干擾而錯誤。

原有的記憶或已知的知識，也可能十分固著，而使得新的學習與記憶變得很困難，比如老是記錯或誤用某個成語，卻怎麼學也改不過來。

當新的學習妨礙我們對原先學習所保留的記憶時，被稱為「逆向干擾」（retroactive interference）；反之，當原先學習的內容妨礙我們對新內容的學習和記憶時，就稱為「順向干擾」（proactive interference）。

干擾論

遺忘的產生是因為訊息的互相干擾，使得訊息無法提取出來，而非單純地因為時間的經過。

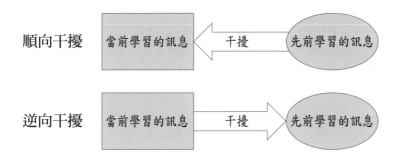

三、生理性遺忘

有些遺忘是因為神經細胞的損傷，比如腦部退化性的疾病，像是老年失智症，或是腦部受傷導致的失憶。而酒精成癮、吸食強力膠等也常造成腦部受傷而影響記憶。

「思考」包括廣泛的心智活動，是指一種內在的推敲、省思的過程。

4-6 思考

人類擁有突出的思考能力，能夠分析、解決問題，做出有利的決定，還能發明、創新。

以心理學的觀點，人類是以某些特定的「模式」來思考的；換言之，其他物種，也許可說是有其不同的思考模式。「思考」包括廣泛的心智活動，是指一種內在的推敲、省思的過程。哲學家、宗教家、科學家們對思考各有不同的見解。思考等於人類的心靈？或者是一種腦細胞的電氣變化？在此我們不探究這些問題，而是要說明心理學對思考的觀點。

人類擁有突出的思考能力，能夠分析、解決問題，做出有利的決定，還能發明、創新。語言則是思考的具體表現，用來與別人溝通內在的想法，並且把思考化為文字，使知識傳遞及累積更長遠有效。

人類做為生物之靈，擁有使用語言的能力與抽象思考的能力。

 **V.S.**

人與猩猩的差別？

不過，思考的歷程其實常常是不精確、不合乎邏輯的，無論「想當然爾」或是「絞盡腦汁」的結論，都一樣有錯誤的可能性。還有，思考不是獨立運作的，它和知覺、記憶、學習等功能有密切的關聯。

一、思考的分類

（一）斂聚思考與擴散思考

　　以處理資料的「方向性」來看，思考的方式可分為斂聚思考（convergent thinking）與擴散思考（divergent thinking）兩類。

　　斂聚思考：利用已有的知識與經驗，按照一定的程序、集中於解決問題、有目標的思考方式，又可稱為垂直思考。比如解答數學的幾何問題，要有條理、按步驟去演算。

　　擴散思考：既無一定方向也無一定範圍，是散漫、廣泛、具有創造性、突發奇想、隨心所欲的思考方式，也可叫做水平思考。例如：腦筋急轉彎的答案，多是不按常理、出人意表的。

（二）意象和概念

　　心理學家認為思考中有根本的、像基本元素一樣的東西，以思考的「內容」來看，思考的方式可分為意象和概念兩種。

　　意象：意象是依靠知覺的經驗而來的，對一般訊息具體的了解，比如「一朵花」、「陽光」、「喝水」等，意像類似心中具體的圖像。

補充

創造是一種能力。國內外許多研究創造行為的學者，都認為擴散思考即代表人類的創造力，它包含了幾種基本能力，分別是：
流暢力（fluency）、
變通力（flexibility）、
獨創力（originality）、
敏覺力（sensitivity）、
精進力（elaboration）。

概念：概念則是不具形、關聯性的，是事物的共同表徵。比如花是紅色的、陽光是金黃色、水是藍的，這當中共同的概念是「顏色」；或者，有關「交通」的概念，可以是汽車、道路、往來等。概念是使用抽象、符號的思考。

⁇ 二、思考的發展

人的思考模式，不是出生後即一成不變，而是隨著成長，經過不同的階段，發展與改變。人的思考又是如何形成的呢？

以前的學者認為兒童和成人基本上是相同的，意即是天生就擁有的，需要的是後天的學習、訓練，使它更成熟。不過瑞士的認知心理學家皮亞傑（J. Piaget）從他設計的研究中，提出一套有系統的理論，來解釋嬰兒以及兒童看這個世界的方式；他的理論認為兒童的心智有其原本的特質，經過發展才成為成人的思考模式。這就是被公認為 20 世紀發展心理學上最權威的理論 —— 認知發展論（Cognitive-developmental Theory 或 Theory of Cognitive Development）。

皮亞傑將兒童心智的發展分為四個階段，依序為：感覺動作期、前運思期、具體運思期，及形式運思期。大約到十一、二歲，形式運思期的階段，才開始有抽象、假設等思考的能力。

補充

皮亞傑所提出的「認知發展」是指：個體自出生後在適應環境的活動中，吸收知識時的認知方式以及解決問題時的思考能力，隨著年齡增長而改變的過程。

皮亞傑的認知發展理論四階段

階段	年齡範圍	說明
感覺運動期 （sensorimotor stage）	0～2歲	1. 經由感覺與動作，嬰幼兒認識自己與別人、自己與物體是分別存在的。 2. 有物體恆存性的概念。
前運思期 （preperational stage）	2～7歲	1. 開始用語言符號去吸收知識，也可運用簡單符號從事思考活動。 2. 以自己觀點來看世界，這種現象為自我中心主義。
具體運思期 （concrete operational stage）	7～11歲	1. 個體能按具體事例，從事推理思考。 2. 具有保留概念，意指物體的形狀雖有改變，而對該物體所形成的質與量的概念，仍然保留不變。
形式運思期 （formal operational stage）	11歲以上	個體能運用抽象的、合於形式邏輯的推理方式去思考解決問題。

有趣的問題

嬰兒要長到幾歲，才會知道球是在箱子內，而不是消失不見？

語言是一種符號系統。

4-7 語言使用

人類是地球上唯一會利用語言傳播知識、與他人溝通、書寫文字的生物。

　　人類是地球上唯一會利用語言傳播知識、與他人溝通、書寫文字的生物。這樣的能力使得人類成為地球的主宰。語言的使用和思考是息息相關的，以至有些人可能會誤解語言就等於是思考本身，但有很多思考的形式並不需透過語言就可以完成。

　　語言是一種符號系統，具體的呈現人內在的種種。透過語言，人把腦中要表達的意思，轉化成為聲音。語言學家們研究的是語言的創造性、意義性及語言的發展等，如第一章提到的詹姆士基（N. Chomsky），就是一個著名的語言學家。如同其他生物能夠發出聲音，人使用語言是自然而然的事，但語言的發展也要靠後天的學習。

　　兒童能運用語言是成長過程的重要指標，代表他知道能用語言傳達他自己的想法、需要、情緒等，並使用語言符號來反映周遭的世界。

1. 牙牙學語　　　　2. 青春少年　　　　3. 耍酷成年

媽媽，我要喝ㄋㄟㄋㄟ！

爸爸，我想要一台 iPhone。

爸！媽！我昨天結婚了！

推理是理性的、合乎邏輯的思考方式。

4-8 推理與問題解決

針對不同類型的問題解答，可將推理分為：歸納推理、演繹推理、辨證推理。

一、推理

「推理」聽起來可能讓人覺得乏味，不過想必一定有很多人看過著名的福爾摩斯探案的故事。福爾摩斯是英國作家柯南‧道爾筆下的神探，福爾摩斯最驚人的就是他的推理能力，故事中推理的過程非常引人入勝。其實在生活當中，我們也是經常運用推理來解決困難的。

推理是運用一定的法則，將我們獲得的訊息，做出判斷、找到答案或結論的過程。針對不同類型的問題解答，可將推理分為三種：歸納推理、演繹推理、辨證推理。推理能增加我們理性思考的能力，但推理本身仍會受到心理因素的影響。

（一）歸納推理

即基於對一種現象經過多次仔細觀察，或曾經有的相同經驗，歸因而得到的結論。例如：某班公車常有不同學校學生搭乘，發現甲校學生常會讓座給老弱婦孺，並且衣著整齊，也較不會在車內喧嘩，所以認為甲校學生比較乖也較有愛心。但這樣推理並不夠客觀，有可能只是片面的觀察或先入為主的看法。

補充

「河川狹窄、河床淤積容易發生水災，而河川狹窄淤積的原因之一是土石被雨水沖刷進入河道。因此砍伐林木，造成地表曝露，會導致水災增加。」以上這個思考過程就是一種「**歸納推理**」。

「冠強喜歡吃水果，他的爸媽也同樣喜歡吃水果，冠如是冠強的妹妹，因為他們是一家人，所以她應該也是喜歡吃水果。」以上這個思考過程就是一種「**演繹推理**」。

（二）演繹推理

即面對一種狀況時，須依照既有的理論事實與原則為前提，來推演而得到結論。例如：經過研究發現，肥胖者除了遺傳體質外有二大共通點：喜歡吃高熱量食物以及不運動。基於這個事實推論，如果一個人喜歡吃高熱量食物又不常運動，他就容易成為肥胖者。

（三）辨證推理

即當一個事件發生，須以批判性的態度，並運用一系列推理技巧，針對事件本身進行正、反兩面思考而得到結論。例如：在法庭上原告、被告雙方律師會運用辨證推理技巧，各自去澄清事情的真相。

補充

莊子和惠子在橋上，看見水中魚游。
莊子說：「你看，魚在水中游，多麼快樂！」
惠子回答：「你不是魚，怎麼能知道魚快不快樂？」
莊子說：「雖然，我不是魚，是很明顯的事；但是，你不是我，你又怎能知道我不知道魚快不快樂呢？」
以上這段對話，就是一種「**辨證推理**」。

❓ 二、問題解決

問題解決，是指針對目標進行一連串有系統、有組織、甚為複雜的思考活動。寓言故事中的烏鴉因喝不到瓶子裡的水，就啣石頭丟入瓶底，待水溢至瓶口，就可以喝到水。真實生活中的烏鴉是否會想出這樣的方法呢？

但人的思考確實可以想到。比如司馬光在急迫的情況下，想出打破水缸讓水流出救人的方法；三國演義中的諸葛亮，聰明地利用天候狀況及敵方的心理作用，以草船來「借箭」。這都是思考解決問題的例子。每天的生活裡，其實我們不必如此的機智，也同樣時時在解決問題、排除困難。

思想固著指的是在思考解決問題的經驗中，重複使用相同的思考模式。習慣性的思考模式並不能解決所有問題，有時會造成阻礙，形成思考上的盲點。

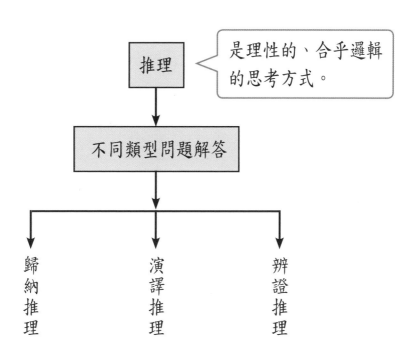

推理 —— 是理性的、合乎邏輯的思考方式。

不同類型問題解答

歸納推理　　演譯推理　　辨證推理

頭腦體操

如何將六根火柴棒排列成四個等腰三角形，而且每一邊的邊長都等於火柴的長度呢？

此時必須將這些火柴像金字塔一樣的做立體排列，若習慣的侷限於平面性的思考，則無法得到解答。

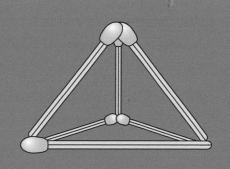

（參考：洪蘭譯，2001）

人類的成長與學習是十分漫長的。

4-9 有效的學習策略

找出有效率的學習方式，可以讓學習過程事半功倍。

　　人類在出生後的成長與學習，和其他生物相較起來是十分漫長的，社會進展使得終生學習成為必然的趨勢。從上面的理論中，可以找出有效率的學習方式，讓學習過程事半功倍。

 ## 一、學習環境及保持專注

　　學習時，大腦是很忙碌的，如果同時給感覺器官太多訊息，就無法妥善處理、吸收。

　　減少環境的干擾，可以避免分心，提高專注力；聊天、聽音樂等對於需要運用記憶或思考性的學習是不利的。

 ## 二、預習和複習

　　預先瀏覽可以促進有系統的學習，例如：出國旅遊之前，先看過當地的地圖，了解風土民情，屆時一定有更多的收穫。

　　複習的目的是讓剛開始形成的記憶更清楚，或是減少遺忘發生的方式。

到底哪一個是古夫金字塔呀？？？

三、組織與連結

運用已有的知識、經驗，和要學習的事物做連結，能讓新知識迅速地融入舊有的記憶中，形成關聯或互相提供線索，需要「提取」記憶時會較簡單。

有時遇到繁複雜亂的資料時，整理成圖表、化繁為簡，會讓學習更輕鬆。

四、使用心像和聯想

人類在語言變得繁複之前，應該是用心像直接來學習的，而並不是用一套陌生的新學習法。

使用心像是極為有用的，只須多加運用就會熟練，強記死背不但效率差而且容易遺忘。

toothache（突啊）

想起牙痛的表情，就會聯想到單字 toothache。

五、減少固著

當學習碰到困難時，常會出現重複、固著的現象。如果發現自己學習中有此情形，暫停一下，改變方向，比較容易找出解答。

六、增強學習動機

對許多人學習是件痛苦的事情，其中重要的原因是缺少學習的動機。分析自己學習的誘因與阻力，可以讓學習成為有趣味的事。

NOTE

腦部和動機最有關係的構造是下視丘，控制著飲食、性慾、體溫等的調節。

代表的理論有：馬斯洛的需求階層理論、羅吉斯的人本論思考、佛洛伊德的人格架構。

5-1 動機的性質與類別

5-2 動機的理論

情緒像是大海，時而平穩，時而波濤洶湧、變化萬千，但我們仍可以掌握它不致於完全失控。

5-3 情緒的性質與表達

5-4 生活與情緒

情緒是日常生活的一部分，但我們並不太「懂」得自己的情緒，或者身邊人的情緒是什麼。

CHAPTER

5

動機與情緒

動機像是一股存在內心的力量，觸摸不到但確實存在。

5-1 動機的性質與類別

腦部和動機最有關係的構造是下視丘，控制著飲食、性慾、體溫等的調節。

人性的根本是什麼？春秋戰國時代的思想家對此已有深入的探討，孟子認為人性本善，人內在的根本是惻隱之心；荀子則認為人性本惡，善的表現是後天的人為因素。性善或性惡是解釋人類內心動機的一種方式，下面說明心理學對動機的解釋。

一、動機的性質

（一）動機是引導行為方向的力量

也就是說動機（motivation）是有目標的，例如：饑餓會促使動物尋找食物、靠近食物、吃掉食物；寒冷會讓人尋找溫暖的庇護所，穿保暖的衣物等。

（二）原始的動機是天生的

例如渴了自然想喝水，面臨死亡威脅時會本能的逃開，這不是後天學習而來的。

（三）動機是追求滿足的

如果匱乏不足，動機的驅力就更強烈；但動機也具有自我調節的功能，滿足之後會暫停追求。

腦部和動機最有關係的構造是下視丘，控制著飲食、性慾、體溫等的調節，如果動物的下視丘被破壞，就會失去這些調節作用，例如：不斷吃東西或完全不覺得饑餓導致死亡。

補充

要察覺自己內在的動機並不是件容易的事。
成功的衝動控制，必須透過學習、自我了解、實際行為訓練及體驗等，才能奏效。
對動機與慾望的自制，在追求滿足與壓抑滿足之間適當地衡量，是人生的大課題。

鳥會飛翔的驅力，是來自原始的動機。

雞想飛卻飛不起來！

二、動機的分類

原始的動機不能解釋人類各種複雜的行為，例如：士兵為了保衛國家，會違反求生存的動機而犧牲生命；學生為了準備考試，甘願專心唸書，放棄吃喝玩樂的享受。心理學家因此將動機分為兩類：

（一）原始動機

由生理本能、天生遺傳而具有的動機，稱為「原始動機」。它和維持生命的基本需求是相同的，像是呼吸空氣、喝水、攝食等，這些原始動機的滿足，常是直接表現出來而不必經由後天學習。例如：鳥會飛翔、生物繁衍後代等行為，驅力是來自原始的動機。

（二）誘因動機

意指受到後天因素的影響，被激勵或誘發產生的行為，例如：追求成功、被關心、安全感等。誘因動機是學習得來的，也會轉變原始動機本來面貌，例如：士兵為國家捐軀，看似追求榮譽（誘因動機），其實也因此保障了整個族群的生命延續（原始動機）。

對動機的了解，常是經由對其他生物的觀察，並與人類相比對而來。這種比照是基於人類生命的基本現象和其他生物一樣，經演化而發展出更複雜行為與社會文化。

「魚與熊掌，不可兼得」，在生活中，面臨不同動機的滿足時，會面臨困難或衝突，比方需要金錢來滿足生活，但獲取的方式是違法的，在選擇身體的滿足和遵守社會規範當中，有些人可能會為了選擇前者而觸犯法律。

補充

為什麼會有挫折感？
挫折感不是動機，是動機受阻、未能滿足的反應。面對挫折感，當事人可能會出現的反應有：更加堅持、改變想法、覺得憤怒、變成退縮等情形。
妥善處理挫折感是很重要的，假如調適不良，則有可能出現使用酒精、藥物或是攻擊行為等來宣洩。

如果能了解自我的動機，就可以降低「迷失感」。

5-2 動機的理論

代表的理論有：馬斯洛的需求階層理論、羅吉斯的人本論思考、佛洛伊德的人格架構。

　　對動機的解釋，差異是很大的，我們常會對他人動機做解釋或猜測，例如：見到一個人很努力唸書，我們會解釋為：「他想成功的動機很強！」、「看書是他的興趣。」、「他是被逼的！」等不同的說法。

　　價值觀的多元化，可能會讓人不明白自身行為的動機，在「主流價值」與「另類表現」中感到迷惑。如果能了解自我的動機，就可以降低「迷失感」。以下是對解釋動機的幾個理論。

 一、馬斯洛的需求階層理論——自我實現

　　馬斯洛（A. H. Maslow，1908 ～ 1970）將人類所有的動機，依據人類生理、心理的各種需要，按優先順序以金字塔型態排列，發展出需求層次理論。由下至上依序如右圖所示。

（一）生理的需求

　　是指生存的基本需要。例如：食物、空氣、水、睡眠、排泄等。

（二）安全的需求

　　是指有安全感，免於害怕、恐懼及受傷害的需要。

馬斯洛的需求階層論

（三）愛與歸屬感的需

指有愛、歸屬、親近及親密的感覺。

（四）自尊與被尊重的需求

除了能夠自我尊重，也希望得到別人的尊重。

（五）自我實現的需求

是指能將自己的能力發揮到最大極限的過程。

馬斯洛認為人類的基本動機，是建立在生理與安全的需要之上。只有在生存的需要獲得滿足後，才會追求個人的安全、愛和自尊等社會與精神的需要，最後追求自我實現的達成。

二、羅吉斯的人本論思考——人性潛能的發揮

羅吉斯（Carl Rogers，1902 ～ 1987）相信人性本善，認為人的內在是有動機、有能力的，可以自我引導而達到自我實現。而且人最重要的心理需要，是希望能夠自我發展，將自我的潛能發揮出來。

另外羅吉斯認為每個人都有尋求正面肯定的需要，重視別人對自己的看法、尋求他人的贊同。在與人相處的互動中，經由他人對我們持續的評價，塑造出我們的自我形象。

所以在一個溫暖、關懷和被接納的環境中，人的情緒發展較為健康，如同一棵幼苗，給予足夠的陽光、水分和泥土，就可以長得很好，甚而開花或結出果實。人只要有適當的成長環境，就可以有比較好的人格發展及比較正向的自我。

補充

卡爾·羅傑斯是20世紀美國心理學家、人本主義的創始者之一。

首創非指導性治療，又稱案主中心治療法、當事人中心治療法，強調人具備自我調整以恢復心理健康的能力。

三、佛洛伊德的人格架構──潛意識的衝動及本能

佛洛伊德（Sigmund Freud，1856～1939）是心理分析學派的創始人，他認為對動機的解釋，須先提到他的人格結構理論。佛洛伊德將一個人的人格分為本我（id）、自我（ego）、超我（super-ego）三個部分，這些部分彼此間是有衝突的。

人內在的本能及衝動，是行為動機的來源，但在現實生活中，衝動常是不能滿足而被壓抑，進入「潛意識」中，不被自己的意識清楚知道。佛洛伊德用「潛意識的動機」解釋人的行為的原因。以下是他對人格結構的說明。

（一）本我

「本我」是人格中最原始的一部分，包括所有的生物本能驅力，例如：吃、喝、玩樂、舒適及性的追求，是十足的享樂主義者。對於衝動和慾望的滿足是不能等待，也不計較後果及代價的。

（二）超我

超我的特質和本我完全相反，是一個人在社會化過程學習到的規範、道德觀、理想化等較崇高的標準。當行為出現不符合自己的價值觀或道德標準時，會感到內疚、不安、自責。超我會要求達到自己所期待的理想狀態，所以超我在內心扮演一個驅策、嚴厲的角色。

（三）自我

自我是指當本我在追求原始慾望時，與周圍環境產生了衝突，於是就發展出自我來扮演居中協調的角色，有效的控制本我，以及適度的抵抗超我。所以自我愈成熟，愈能夠在現實環境與個人需要中取得平衡。

補充

《夢的解析》是佛洛伊德1899年於德國出版的著作，是了解弗洛伊德「潛意識理論」很好的作品。

在人類對於理性的追求中，情緒一度被看成「原始」的成分。

5-3 情緒的性質與表達

情緒像是大海，時而平穩，時而波濤洶湧、變化萬千，但我們仍可以掌握它不致於完全失控。

在人類對於理性的追求中，情緒一度被看成「原始」的成分。心理學的發展讓人們能深入探索情緒的本質，學習了解情緒及表現情緒。能適切的表達情緒是人格成熟指標。

一、情緒的性質

情緒常被看成只是一種內在的感受。但它是一種複雜的狀態，以動物為例，當一隻貓憤怒或恐懼時，會有腎上腺素分泌、心跳加速、瞳孔放大的生理變化，以及弓起背部、毛髮豎立、趾爪伸出、低聲嘶吼的行為。情緒的表現包括心理感受、生理反應和行為表現三個層面，人類的情緒也是如此，例如：遇到搶匪，心理感覺到害怕、緊張，就會出現發抖、臉色蒼白的生理現象，且有全身肌肉緊繃或是喊叫的情形出現。

三個層面中，生理反應的現象是共通的；行為表現的差異性較大，受社會文化環境影響有所不同；至於心理感受，屬於個人不可替代的經驗，可以用「如人飲水，冷暖自知」來形容。

補充

情緒包括心理感受、生理變化和行為反應三個層面。以「憤怒」來說：心理上感受生氣、情緒激動；生理上會有腎上腺素分泌、心跳加速、瞳孔放大等生理變化；行為方面會有睜大眼睛、握拳、肌肉緊繃、音量提高、攻擊行為等。

二、情緒的種類

人類的情緒表現是複雜的，種族與文化上的差異，使得對情緒的分類有很大的差異，即使是相近的背景，也可能對情緒有不同的解釋。心理學家想了解人類的各種情緒裡，是否可以找出某些共通的基本情緒。

依據舊金山加州大學艾克曼（Paul Ekman，1934～）的發現，在全世界任何不同種族和不同的文化中，都可以辨認出以下的六種情緒：快樂、悲傷、生氣、驚訝、恐懼與厭惡。這些基本情緒的特徵是極相似的。

快樂	讓人感到輕鬆、自在、能力增強、工作效率提高等。
悲傷	胸口鬱悶，凡事提不起興趣，內心變得脆弱易受傷害，新陳代謝也變得較緩慢。
生氣	情緒激動，面部表情扭曲，血液流向手部，有攻擊的衝動，具有破壞力。
驚訝	眉毛會上揚，以便擴大視野，很快的看清楚事情的狀況。
恐懼	面對威脅而有害怕和不安的感覺，臉部蒼白，血液流向腿部以方便逃跑，身體處於警戒狀態。
厭惡	和嘔吐的表情很像，鼻子皺在一起，會有嫌惡排拒的感受。

　　有些學者認為基本情緒種類不只六種，有的則並不贊同可以找出基本情緒，因此對於基本情緒的看法及認定，仍是有許多爭議的。

三、情緒的生物神經學

　　腦中與情緒有關的古老的構造，是在負責接收與分析氣味的嗅葉，隨著腦部結構的進化，主要的情緒中樞漸漸形成。位在大腦半球的當中，靠近邊緣系統下方的杏仁核，是情緒的總管。杏仁核共有兩個，分別在腦的兩側，人類擁有的杏仁核比任何靈長類動物都大。如果將動物的杏仁核切除，動物將無法衡量及理解事物的情緒意涵，不再感到恐懼、害怕、悲傷等，這種情況稱為「情感盲目」。

　　邊緣系統在腦部主要是負責學習及記憶的功能。在嗅葉與邊緣系統等相互作用之下，人類把情緒和生活經驗、學習、記憶等連結，使得人類有更豐富的情緒表現。

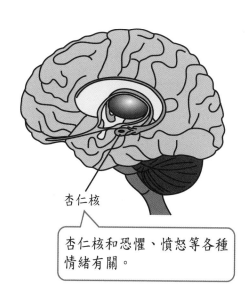

杏仁核

杏仁核和恐懼、憤怒等各種情緒有關。

四、情緒的表達

　　情緒在生活中是極為重要的，主要是在表達內在的需要與動機，例如：動物會用憤怒的表現來嚇走進入牠領域的其他動物，或用喊叫聲來警告同類逃避敵人等。人類的情緒，例如：父親忘記小玉生日，也沒有送禮物，小玉覺得失望，認為爸爸不夠關心她，所以感到悲傷、難過，甚至出現生氣的情形。

　　情緒影響所及十分廣泛，包括學習能力、專注力、理性判斷、行為反應等，在情緒的作用下，會改變甚至扭曲，因此社會對情緒控制的要求也很高。不過就心理的健康來說，情緒的表達與溝通究竟應該怎樣才是「適當」的，恐怕很難有定論。以下是對情緒表達的參考原則。

（一）就個人而言

　　覺得舒服愉快的情緒常是被歸類為「對」的情緒，而生氣、悲傷等不舒服的情緒則是被視為「錯」的情緒，但這樣的區分並不恰當，因為情緒感受是一種體驗，無法用對錯價值來判斷。較好的方式是在行為層面上，學習合宜而不傷害的表達，例如：生氣時，用言語訴說而不是用肢體攻擊，悲傷時，允許自己流淚哭泣但不是自我傷害等。

（二）對家族而言

　　家庭是一個人成長的最重要場所，因此家庭裡情緒表達的方式對個人有深遠的影響。家庭中對情緒表達採用尊重而不壓抑的態度，避免指責或嘲諷，對人格的成熟是很重要的。

（三）對社會而言

　　社會文化對情緒表達會因為不同角色、不同情境場合有不同標準，在開放、多元化的社會中，對情緒表達的包容度較高，但是，對各種不同見解，差異會更大。

了解情緒並不是心理學家的專利，只要多加學習就可以擁有健康的情緒。

5-4 生活與情緒

情緒是日常生活的一部分，但我們並不太「懂」得自己的情緒，或者身邊人的情緒是什麼。

一、認識情緒的特質

認識情緒是一種學習，這個過程可用到菜市場買菜的情況來比擬。一開始的時候，會覺得五花八門，蔥、蒜不分；買菜的經驗增加之後，逐漸學會區分各種不同蔬菜的形狀、顏色、味道，懂得辨別新不新鮮、價錢合不合理、有哪些營養價值等；最後會成為老手，能說出一套「買菜經」，還可以教導其它缺乏經驗的人。

例如：生氣時，有人可能只覺得「快氣炸了」，沒有注意到身體會有心跳加速、血壓升高、肌肉緊繃、呼吸變淺而快、瞳孔放大等反應。學習覺察情緒在各方面的訊號，能使我們熟悉情緒，也才更能掌握情緒。

> **補充**
>
> 「快樂」被認為是一種基本情緒。我們可以利用拍立得相機作試驗，請一群人設法開懷大笑，並用相機記錄他們的表情變化，觀察看看，「快樂」是否具有共通的表情特徵？

二、情緒是一種溝通

人際溝通是大家重視的，但卻常有「你不懂我的心」、「難過得一句話都說不出口」的感慨，可見情緒溝通並不容易。情緒表達可說是無聲的語言，傳達的內涵卻比語言更重要。兒童常用哭泣、喊叫、摔東西來表達情緒，雖然情緒表達會隨著年齡有不同變化，但情緒所蘊涵的意義是相同的，傾聽別人說話以外，經常注意「情緒語言」的變化，就會有很好的溝通。

 三、情緒與健康

　　常被情緒困擾的人，可能會懷疑自己的心理是不是「有問題」。一般的情緒困擾，由生活中的事情所引發，時間不會很長，如果持續太久、頻率太高、起伏變化很大，則須注意多學習調適情緒的方法。長期的情緒低落或是煩惱不安，是心理失去健康的警訊，應該請教心理方面的專家。

四、有關自殺的問題

　　自殺事件發生，總是令人覺得遺憾，也對自殺者的家人造成巨大的傷痛。對自殺者而言，為了逃開發生在眼前，難以忍受的危機，而將自殺行為當成是唯一的問題解決方式，想法上會出現自己「已經沒有希望」，「不可能有人能幫助我」等窄化式的思考，卻忽視了其他許多可能的解決問題之道。

　　自殺可視為對遭受痛苦所發出的求救訊號，是可以預防的。平時多學習，了解情緒的處理方式，以客觀、寬廣的角度思考，遇到困境時尋求協助，可以避免自殺的發生。

　　自殺防治中心將臺灣各地諮詢與醫療機構的聯絡方式整理於網頁中（http://tspc.tw/tspc/portal/index/），讓需要幫助的人可以快速得到幫助。除此之外，亦可到衛生福利部網站或其他心理衛生諮詢單位的網站中，尋求更多的資訊、得到更多的幫助。

全國通用電話

各縣市生命線
直撥 1995

各縣市張老師
直撥 1980

免付費專線：
衛生福利部
安心專線：
0800-788-995

補充

討論化解自殺的念頭，可以及時發現潛在的自殺念頭，並不會因此而造成自殺的危險。
假如有困難，或發現有人有自殺的念頭，應諮詢有經驗的專業人員的建議。

利用心理測驗中的能力測驗將有助於了解自己的能力如何？跟別人相似或不同之處為何？

在心理學中所謂的心理能力，大致上可分為兩類，一為實際能力，就是所謂的成就，另一類為潛在能力，就是所謂的性向。

6-1
心理測驗
與個別差異

6-2
心理能力與
能力測驗

6-3
影響智力
的因素

影響智力的因素總括來說，不外乎遺傳因素與環境因素。

CHAPTER

6

能力與能力的測量

個體與個體間表現不同的差異現象，就是通常所謂的「個別差異」。

6-1 心理測驗與個別差異

利用心理測驗中的能力測驗將有助於了解自己的能力如何？跟別人相似或不同之處為何？

　　我們平常所說的「能力」，其涉及的範圍相當廣泛，可以有領導能力、社交能力、演說能力、歌唱能力、繪畫能力、運動能力、創造能力、學習能力等等。但每一個人所表現出來或擁有的能力與特質，多少會有不同，就是所謂的「個別差異」（individual difference）。

一、個別差異的意義及原因

　　從日常生活中，我們可以看到每一個人的外貌、習性、能力、興趣、價值觀，都各不相同，像這種個體與個體間表現不同的差異現象，就是通常所謂的「個別差異」。個別差異現象形成的原因，雖然還無法完全掌握，但一般的心理學者大多認為個別差異是受遺傳、環境、成熟與學習等諸因素交互作用的結果。

　　例如：同一父母所生的子女，其未來的表現不盡相同；幼年時接觸的環境不同，長大以後的行為表現也不一定相同。又如在同一堂課、同一個老師、同樣的教法與教材，有的同學一下子就學會了，可是有的同學雖然花很長的時間還是沒有弄懂。

補充

孔子可說是最早實踐「因材施教」理念的教育家。在《論語·先進第十一》中就有這樣的記載：
子路問：「聞斯行諸？」
子曰：「有父兄在，如之何其聞斯行之？」
冉有問：「聞斯行諸？」
子曰：「聞斯行之。」
公西華曰：「由也問聞斯行諸，子曰，『有父兄在』；求也問聞斯行諸，子曰『聞斯行之』。赤也惑，敢問。」
子曰：「求也退，故進之；由也兼人，故退之。」

二、心理測驗的意義

個別差異的顯現，可以經由行為觀察、晤談或心理測驗等方式獲得，這裡的心理測驗是心理學家在某一時刻收集行為樣本的一種客觀的量化工具或過程。一個良好的心理測驗，猶如一個好的體重計或度量尺，都必須經過一系列的標準化編製過程和實施程序，才能測量得到個體的真正能力與特質。

根據估計，目前商業機構發行的心理測驗約超過 2500 種，主要用於測量各式各樣的心理能力、學業成就、職業興趣、人格及心理疾患；心理學家也花費了大量的時間於心理測驗的編製、評鑑、施行及解讀上。（游恆山譯 (b)，2014）

正式評鑑的程序，適用於所有類型的心理測驗；即所有的評鑑工具必須是：

哇！減肥藥才吃了一天，體重就少了三公斤。這藥真有效！

yesterday

today

（一）可信賴的（信度）

指測驗結果的可信賴程度，包括一致性與精確性兩部分，測驗結果越精確、誤差越少，則測驗的信度就越高。

（二）有效力的（效度）

指測驗可以測出研究者想要了解的某種特質的程度。例如：智力測驗就必須測出受試者的智力表現，而人格測驗就應該能測出受試者的人格特徵。

（三）標準化的

指測驗的過程、情境、記分等，都必須維持一致。例如：測驗的指導語、施測時間以及作答方式

補充

以尺量身高，或以秤量體重，每次測量的結果都相當一致，那就可以說這工具是有「信度」的。

反之，以尺量體重，或以秤量身高，是測量不出我們要的特性的；所以便毫無「效度」可言。

等，只有遵循標準化程序編製與施測的測驗，其測驗結果才能進行有效的比較與解釋。

坊間的心理測驗多是未經標準化程序所編製而成的，也欠缺常模的比較，所具有的多半是表面效度，而非真正的效度，至於信度的部分，也頗令人質疑，所以只能作為參考不能盡信。

❓ 三、心理測驗的種類

在現代社會中，每個人在就學、或就業、或從軍的時候，幾乎都接受過一些不同類型的心理測驗；心理測驗的種類相當多，大致可以分類如下。

（一）依測驗實施的對象可分為兩類

個別測驗：就是一次只對一個受測者進行測驗。個別測驗則較常見於臨床使用，例如：魏氏成人智力量表。

團體測驗：是在同一時間對好多個受測者進行的測驗；團體測驗常見於學校使用，例如：多因素性向測驗。

（二）依測驗功能可分為兩類

人格測驗：是用以評量受測者人格特質的工具，例如：羅夏克墨漬測驗。

能力測驗：是用以評量受測者的心理能力的工具，例如：陳氏非語文測驗。又可分為性向測驗與成就測驗等類。

（三）依測驗題目的性質可分為兩類

文字測驗：也稱紙筆測驗，此類測驗都用文字敘述，受測者也用文字作答，例如：柯氏性格量表。

非文字測驗：也稱作業測驗，此類測驗有時是由主測者用口語說明，而受測者以實作或活動方式來反應，不須用文字作答。例如：主題統覺測驗。

（四）依測驗的難易程度可分為兩類

難度測驗：是指題目有難易之分，主要是要了解受試者的問題解決能力，大部分的智力測驗與成就測驗都屬於這一類。

速度測驗：是指題目難易平均，主要是了解受測者在一定時間內能完成多少題目。例如：知覺反應測驗。

看看這像什麼呢？

能力測驗是心理學者常用以評量個體間能力差異的一種測驗工具。

6-2 心理能力與能力測驗

在心理學中所謂的心理能力，大致上可分為兩類，一為實際能力，就是所謂的成就，另一類為潛在能力，就是所謂的性向。

一、心理能力的涵義

一般所說的「能力」層面包含比較廣泛，舉凡前述的領導能力、演說能力、學習能力等。心理學家所研究的能力是指「心理能力」，包含兩種：一是「實際能力」又稱為「成就」，是個人在經過學習或訓練之後，目前所表現出來的成果或行為；二是「潛在能力」又稱為「性向」，是個人如果得到適當機會的學習，而在未來可能表現出來的成果或行為。

所以，「成就」的心理能力是個體現在已經具有的，如學校的課業表現、駕駛能力、工作的表現等；而「性向」的心理能力是個體目前尚未表現出來，即通常所稱的「天分」；例如有人很有美術天分、有人很有數理天分，如經由適當的訓練或環境

有趣的問題

「天生我材必有用」，你（妳）有怎樣的材？要用到哪一方面？
利用心理測驗中的能力測驗將有助於讓你（妳）了解自己的能力如何？跟別的同學相似或不同之處為何？

安排，就可以讓他們的這些能力得到充分的發揮。

　　「性向」又可分為普通性向與特殊性向，其中的「普通性向」也可稱為普通能力或直接稱為智力，就是指個人的潛在能力；而「特殊性向」也可稱為特殊能力，就是指個人具有某方面的特殊潛在能力。

　　若將普通性向與特殊性向進一步區分，可以區隔為：如果提供適當的訓練或環境，普通性向者可能成為普通人才；特殊性向者較有可能成為專業人才，譬如：美術家、音樂家、設計師、建築師及科學家等專才。

二、能力測驗

　　能力測驗是心理學者常用以評量個體間能力差異的一種測驗工具。如前所述，能力可界定為成就與性向二種，因此能力測驗就可分為成就測驗（Achievement Test）與性向測驗（Aptitude Test）兩大類。

　　「成就測驗」是幫助了解個人經過一段期間的訓練或學習後，在知識或技能上的成效。依照內容或功能，可分為普通成就測驗與單科成就測驗。前

補充

成就測驗在教育上使用的最多，亦可稱為教育測驗或學業成就測驗；可用來評量各級學生在課業上的學習成果。

天才數學家　　1+2+3+…………+GGG=

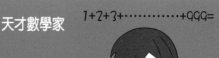

者用於測量一般學科的學習效果，也可鑑別個人在各種學科學習的困難之處；後者用於測量某一學科的學習效果，類似於學校的期中、期末考試。

「性向測驗」是預測個人如果接受訓練，可能在知識或技能上達到的成效。依性質之不同可分為多元性向測驗及特殊性向測驗，前者如學業性向測驗及智力測驗等，後者如音樂性向測驗及數學能力測驗等。

三、智力與智力測驗

（一）智力的定義

「智力」的定義很容易被簡化為智力測驗測量的結果，但其太過於單純。依照心理學家的研究結果：「智力是非常廣泛的一種心理能力，它特別是包含了推理、策劃、解決問題、抽象思考、理解複雜觀念、迅速學習，以及從經驗中學習等能力。」這是 52 位智力研究人員組成的團隊做成的綜合定義（游恆山譯 (b)，2014）。

（二）智力測驗的定義

智力測驗是心理測驗學史上，最早被發展出來的測驗。測驗結果通常是以「智力商數」（intelligence quotation）簡稱智商（I.Q.）來代表個人智力的高低，或是與他人相較之後的智力程度。智力測驗也可稱為多元性向測驗，可用以鑑別或預測個人各種能力表現的一種性向測驗；通常包括語文、數學和圖形的測驗題目。

（三）智力測驗的種類

智力測驗依施測的對象不同，可分個別智力測驗和團體智力測驗。比較常用的個別智力測驗可以「比西量表」和「魏氏智力測驗」等為代表；團體智力測驗有「國民中學智力測驗」、「普通分類測驗」等。

比西量表（Binet-Simon Scale）是由法國的兩位心理學家比奈（A. Binet，1857～1911）和西蒙（T. Simon）在 1905 年編製完成，這個智力量表被認為是全世界第一個標準化的智力測驗，目前在臺灣已有正式版

權的修訂本。這一套量表中包含有語文、數學和常識等方面的題目，題目難度由淺依次逐漸增加，而且依年齡分組，如果一個兒童能正確完成量表的程度較高，代表他的心理年齡（mental age，MA）就越高，在實際運用時，我們只要將兒童的心理年齡（由量表上兒童通過的題目計算出來的）與他的出生日期的生理年齡（chronological age，CA）相對照就可以知道其智力是聰明、中等或遲鈍。通常一個聰明的兒童的心理年齡會高於生理年齡；而一個遲鈍的兒童的心理年齡就會低於他的生理年齡。

1916 年，美國史丹佛大學的推孟教授（L. Terman）將比西量表加以修訂，出版了史比量表（Standford-Binet Scale），並採用德國心理學家史特恩（W. Stern）發展出來的智力商數計算公式作為智力的指標，即一般所稱的「智商」，就是心理年齡和生理年齡的比例，其公式如下：

$$智商（IQ）= \frac{心理年齡（MA）}{生理年齡（CA）} \times 100$$

上述中乘 100，其用意一方面可簡單說是消去小數，使智商可以看成整數。另一方面，智商所反映的是一個人智力發展的速率。

心理年齡＝生理年齡 ⇨ 智商＝ 100
心理年齡＜生理年齡 ⇨ 智商＜ 100
心理年齡＞生理年齡 ⇨ 智商＞ 100

（四）智力的兩端

全人口的智商差異分布與其他許多個體中的差異，像是身高、體重等，所形成的曲線相類似，都成常態分配曲線（normal distribution curve）。也就是說大部分人的智商都集中在曲線的平均數附近，由此平均數往左右兩邊人數漸減少，到兩端（智能不足 VS. 資賦優異）剛好人數的分布都很少。

補充

什麼是「常態分配」？

所謂的常態分配是指測驗上分數的次數分配呈中間集中，且逐漸向左右兩端勻稱分散的鐘形曲線分布。

理論上智商亦呈常態分布，平均數為 100，標準差為 15 或 16。大多數人的智商集中在鐘形曲線的中間，而向兩極端的人數分布，則逐漸的減少。

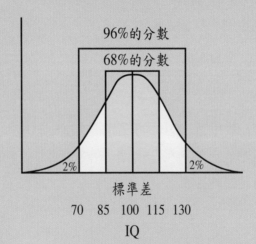

龍生龍，鳳生鳳，老鼠生的兒子會打洞。

6-3 影響智力的因素

影響智力的因素總括來說，不外乎遺傳因素與環境因素。

人們的智力由常態分配曲線的結果，可以知道是有明顯的不同，這樣的差異不外乎是遺傳與環境因素的影響，但有多少歸於遺傳的基因組合？有多少歸於生長中的環境？何者影響比較大？向來是具爭論性的問題。

不過，大多數的學者都同意，智力是由遺傳決定的，符合俗語說的「龍生龍，鳳生鳳，老鼠生的兒子會打洞。」但環境也提供智力發展結果的重要因素，例如我們常聽師長說「勤能補拙」，更有人說「小時了了，大未必佳」、「時勢造英雄」。

所以說智力受遺傳與環境的交互影響最大。下圖即顯示了「遺傳」與「環境」二者共同促成了IQ分數。

補充

一般來說，父子之間IQ分數相近，這是受遺傳的影響；但他們兩人的IQ分數也和社會階級有關，這就是受環境的影響了。

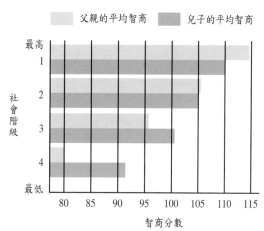

其他還有一些學者的多項研究結果發現，大致可以歸納為以下三個結論（Scarr & Weinberg，1978；Scarr,Weinberg & Waldman，1993；Bouchard et al.，1990）：

（一）母親懷孕期

母親懷孕時若感染病毒（如德國麻疹、梅毒）、營養不良、酗酒、抽菸、情緒嚴重失常、高齡生產或亂服偏方、成藥等，容易對智力造成不利影響。

（二）父母教育水準及參與程度

若父母的教育水準高，且常參與小孩的學習活動，並提供較多的操弄或學習器具，則對小孩子的智力發展通常有正向的幫助。

（三）嬰幼兒時期

嬰幼兒時期若缺乏適當的感官刺激，又缺乏照顧並與其他個體長久隔絕，剝奪了生活經驗與溝通的機會，對智力的發展也有重大的影響。

例如：一位小孩自小跟啞父生活在一起，而且被監禁在家裏，從未與其他的人接觸，直到被發現並完成領養時，已經十多歲；他不會操弄任何語言，且時常發出怪異的聲音，對外界事物諸如電視螢幕畫面、收音機聲音等產生畏懼，時常躲在書桌下不敢正視或接近。之後，安排給予接受學校教育並委請大學生全天輪流照顧，但其雖然外表長得相當不錯且健康，可是其智力仍相當的低。

補充

IQ 與文化的關係
—— 為什麼亞洲人的數學比較好？
美國有些學者投入多年追蹤中國、日本及美國兒童的數學成就；1980年時亞洲兒童的數學成績平均來說遠勝過美國兒童，到了 1990 年仍然是這種情勢。
研究者要求這些兒童的老師及父母衡量「用功念書 vs. 先天智力」何者重要？
結果，亞洲的受訪者認為「用功念書」比較重要，而美國的受訪者則認為「先天智力」比較重要。（參考：游恆山譯 (b)，2014，p.259）

「人格」不涉及好壞、優劣、高低之分，僅在區分個人特質的不同。

較為有名的理論有：類型論、特質論、精神分析論、學習論、人本論等學派。

7-1
人格的
意義

7-2
人格的
形成

7-3
人格測量

心理學上利用經過標準化程序編製出來的客觀測驗來測量一個人的人格，以作為心理診斷、諮商輔導或員工甄選等用途。

CHAPTER

7

人格與人格的測量

俗語說：「人心不同，各如其面」，這也正說明了每個人都有他獨特的外表、體型及人格。

7-1 人格的意義

「人格」不涉及好壞、優劣、高低之分，僅在區分個人特質的不同。

人格（personality）一詞出自於拉丁文的 persona（面具的意思），也就是說在戲劇表演中，為了顯示角色的需要，劇中的人物所穿戴的面具就有所不同，而今心理學上即利用面具來說明每個人的人格。

心理學者所討論的「人格」在意義上與「性格」、「個性」或「習性」很相近，但與一般世俗提及含有道德判斷的「品格」之看法不同。心理學家依據各自的理論系統，對人格有不同的看法與解釋；為了能對「人格」有一較完整的概念，國內心理學者張春興及楊國樞兩位教授（1987）曾綜合各家的觀點，將人格一詞界定為：「人格是個體在對人、對己及對事物適應時所顯現出來的一套獨特而相當一致且持久的行為反應模式及思考方式」。在此定義中包含了三個重要特性：

補充

在日常生活中，我們常聽到「那就是他的個性嘛！」也常提到「他的習性一向如此。」
的確，一個人的「個性」、「習性」正是本章要討論的「人格」，這也是用來解釋個別差異的指標之一（另一個指標是前章討論的「心理能力」）。

一、獨特性

人格的獨特性指的是不同的個體在相同的情境下，對於相同的刺激會出現不同反應的傾向，例如：外向的人與內向的人在與團體相處時，其反應會有所不同。

每一個人的人格是受到遺傳、環境、學習及成

熟等因素的交互作用影響，而逐漸發展出來的心理特質所組成，所以在世上很難找到兩個個性完全相同的人。因此，對同一事件往往會有不同的解讀。

　　例如，同樣在學校考試後得到不好的分數，有的同學責怪老師教得不好、有的認為自己功夫下得不夠、有的責怪題目太難、有的認為自己準備的地方沒有題目等多種反應，這正說明了獨特的人格特性。

二、一致性

　　一致性指的是相同的個體在類似的情境下，對於類似的刺激會出現類似的反應，例如：外向的人其行為表現總是比較開朗、活潑。組成個人人格的各種心理特質不但是有系統而且有組織，所以在與外界情境接觸時，表現的行為會既穩定又一致。

　　例如：一個在中學時代個性外向的人，他不僅在同學面前表現活躍好動，在公眾場合，也比較大方且能言善道。

三、持久性

　　持久性則指人格是相當穩定的特質，不會因為時間或空間的改變，而出現大幅度的變化。既然組成人格的心理特質是有系統且有組織的，所以一旦個人的人格形成就可以保持很穩定，這種特質通常可以持續數年、數十年，甚至於一輩子也不會改變，此種特性就正如俗語所說的「江山易改，本性難移」的道理。

對 0 分的考卷不同的反應：

反應 A

老師都沒教到啊！

反應 B

唉！昨天不該跟同學去唱卡拉 OK 的。

反應 C

這種題目是要考到博士嗎？

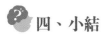

四、小結

根據心理學者的研究及每個人的親身體驗，個性其實也有可能由學習、成熟或情境的改變而造成一些改變，但改變通常是緩慢且漸進的過程。例如：一個平常外向能言善道的人，如果突然變得極為內向沈默寡言，而且一直無法恢復先前的個性；這就不代表正常的個性改變，而可能是一種心理異常的徵兆了。

因為每一個正常人的人格都具有「一致」而「持久」的特性，所以我們才能容易跟周遭的人和諧且安全的相處，才能得到所謂「摸清楚對方的個性就好相處」的知人善任的經驗法則。

由於我們的人格具有上述的三種特性，心理學家才能夠對人格加以測量，而對個體未來的行為傾向之預測也才變得可行。雖然「人格」一詞僅是中性的涵義，但它的研究結果，無論在教育上的因材施教、職場上的甄選人才，甚至家庭與婚姻及人際關係等方面均有極重要的功用。

補充

電影「三面夏娃」讓許多人見識了「多重人格」這種複雜的精神疾病，這是一個美國主婦的真實案例。

女主角的名字叫「夏娃」，她同時擁有幾種截然不同的性格：「白夏娃」柔弱內向、「黑夏娃」熱情放蕩、還有一個性情穩定正常自稱「Jane」的夏娃。三個性格不同的女人，在同一個身體上交替出現。

故事的結局是美好的，最後只有性格正常的Jane存在；但真實世界的主角卻陸續出現過二十多種不同的人格，不斷的換醫生、接受治療，卻始終無法擺脫「多重人格」的問題。

人格的形成是在先天遺傳與後天環境二大因素交互作用下，逐漸發展的結果。

7-2 人格的形成

較為有名的理論有：類型論、特質論、精神分析論、學習論、人本論等學派。

　　每一個人出生以後，就具有不同的氣質，有的嬰兒可能很好動，時常啼哭不好哄，睡覺時容易驚醒；有的嬰兒則表現很恬靜，不吵鬧很好哄，時常能一覺到天明不易被吵醒。這些在早期出現的人格特質，湯瑪士和雀斯（Thomas & Chess，1977）認為部分是遺傳因素決定的，來自父母的遺傳。雖然很多的研究已經說明遺傳對人格形成的重要性，但也有很多心理學者認為，縱使天生同樣的氣質，在不同的環境與教養方式下，個體也可能有不同的適應或行為，誠如「一樣米養百種人」的道理。由此可知，人格的形成是在先天遺傳與後天環境二大因素交互作用下，逐漸發展的結果。

「一樣米養百種人」

　　雖然對於人格的形成之解釋，已有眾多學者依據他們的實驗設計與研究結果，形成諸多人格理論，也因著各理論的著重點不同，而有百家齊鳴、眾說紛紜之態勢。目前還沒有一個理論同時為大家所接受，也沒有一個理

理論能解釋所有的行為，但在此為了能清楚了解人格的形成，我們就從眾多的人格理論中選出最重要或影響較大的理論來加以介紹（參考：游恆山譯(b)，2014）。

一、類型論與特質論

　　類型論與特質論均是運用分類學的技術，將人們區分為種種不同的類型，其中類型論是以類型為劃分依據，而特質論則是以特質為劃分依據。

（一）希波克拉特（Hippocrates）

　　早在西元前 400 年，古希臘醫師希波克拉特就認為人有四種基本的氣質，人屬於何種氣質端視四種並存的體液何者較占優勢而定：

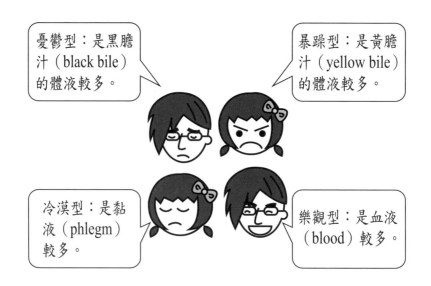

憂鬱型：是黑膽汁（black bile）的體液較多。

暴躁型：是黃膽汁（yellow bile）的體液較多。

冷漠型：是黏液（phlegm）較多。

樂觀型：是血液（blood）較多。

（二）薛爾敦（W. H. Sheldon）

　　後來，也有學者認為人的身體特徵與人格特質會有密切關聯，其中以美國生理學家薛爾敦的體型與氣質的研究較具代表：

1. 肥胖型（又稱內胚型，endomorphic）：是身體圓而不結實，具有愉快、好脾氣、喜交際、愛吃東西及做事從容不迫的氣質。

2. 強壯型（又稱中胚型，mesomorphic）：是肌肉發達、愛運動，具有自信、勇氣、精力充沛而較不富感情的氣質。

3. 瘦長型（又稱外胚型，ectomorphic）：是高而瘦的人，具有拘謹、內向、易緊張、敏感、喜好孤獨及藝術的氣質。

（三）艾森克（H. J. Eysenck）

艾森克認為人格的結構會受少數類型支配，這些基本的人格向度，對個體的行為有重大的影響力。他認為類型是由「特質」所組成的，而特質則是由無數的習慣性反應所構成，至於構成習慣的要素則是個體的特定反應；他將人格的複雜性簡化為兩個向度四個象限（如下圖）：內向－外向及穩定－不穩定。

1. 內向－外向：是指個人關心自我或重視外在事物的程度，此向度的涵義與楊格的分類相似。

2. 穩定－不穩定：是指情緒的穩定程度，如果傾向於穩定，則個人是溫和的、可靠的和自在的；若是傾向不穩定，則個人是暴躁的、不可靠的和焦慮的。

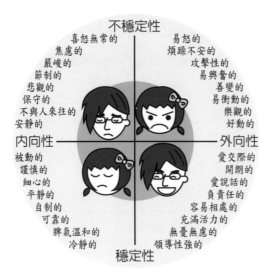

（四）阿爾波特（G. W. Allport）

美國心理學家阿爾波特是試圖以「特質」來描述人格最著名的人格心理學家。他認為世界上沒有兩個人是完全相同的，即使是針對相同的刺激，也沒有任兩個人會以完全相同的方式來反應；他將人格特質分為兩類：共同特質（common trait）與個人特質（personal trait）。共同特質是同一文化的人們所共同的一般性性格傾向；個人特質是個人獨有的性格傾向，對個人行為具有更普遍的影響。

因此，阿爾波特又將個人特質分為三個層次：

1. 首要特質（cardinal traits）：是最有力且最普遍的特質，完全可以支配個人的人格，因此凡是最能夠代表個人獨特個性的特質就是首要特質。例如德蕾莎修女（Mother Theresa）的首要人格特質就是利他主義。對一般來說，具有首要特質的人並不多。

2. 中心特質（central traits）：會影響我們大部

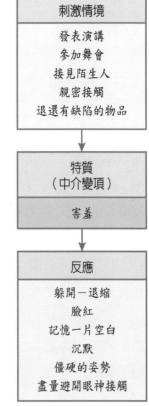

分的行為,每個人都有五至十個構成人格特質最核心部分的中心特質。例如:我們常會描述一個人是樂觀的、勇敢的、誠實的……,這些都是指其中心特質。

3. 次要特質(secondary traits):只應用於特定情境中,在某些特殊場合才會出現的一些性格特徵,就是所謂的次要特質。例如:一些特殊的態度、興趣及行為方式,都是屬於次要特質,就像一個活潑外向的人,在緊要關頭也會突然變得沈默寡言。

二、精神分析論

精神分析論以佛洛伊德為首,其強調早期經驗對個體的影響,認為人類均被內在的本能所驅動。佛洛伊德認為本能大部分的活動都是屬於潛意識狀態的,是我們無法知覺的。其人格結構模式則包含本我、自我、超我三個部分,這三個人格結構是指人的心理歷程,而非腦中實際存在的生理結構;此三個歷程均有其各自的運作原則和功能,人格和行為即為此三個過程交互運作的產物。

(一)早期經驗

佛洛伊德認為人格的發展,是從出生到生命結束一直在不停地變化。人們的行為會一直受過去經驗的影響,所以佛洛伊德特別強調兒童期的經驗是發展的重要關鍵期,他所主張的「五歲定終身」,其實與中國人說的「少小定八十」之觀點是相似的,都強調早期經驗是發展的重要影響因素。

(二)潛意識狀態

佛洛伊德認為人的心理狀態可以視為一座大冰山,露出水面的一小部分是「意識經驗」(conscious experience),是個人可以覺察的部分,例如,你知道自己目前正在上課、看書或聊天。另有一大部分是潛藏在水面下,不易被個體所意識到的,稱為「潛意識」(unconscious),其中潛藏著我們的一些衝動、慾望、想法、不愉快經驗及原始本能等(如下圖)。潛意

識的狀態是精神分析論所探討的主要內容，有時我們在意識控制力較弱時，潛意識部分會偷偷的浮上來；例如：以焦慮為主的精神官能症症狀、夢境、口誤、筆誤等，這些都可說是潛意識的力量在影響。

能夠被察覺的心理狀態，就像是「冰山一角」。

　　所以佛洛伊德藉著自由聯想、夢的解析等方式來研究潛意識的原始動機，以達到心理治療的目的。

（三）人格結構

　　佛洛伊德認為每個人的人格是由本我（id）、自我（ego）及超我（superego）三個部分所組成。每一個部分都依循著不同的支配原則，具有不同的功能，由於這三個部分的交互作用影響，而造成人們人格上的差異。

　　1. 本我：是與生俱來的人格最原始部分，所有基本驅力的儲存所，本我的運作是無理性的，遵循「享樂原則」，特別是性、生理、情感等需求，都要求立即獲得滿足。

　　2. 自我：是與現實生活打交道的一面，介於本我與超我之間，是人格的核心部分，受到「現實原則」的支配；例如：想到作弊被抓可能會受到的懲罰，因此會遏阻自己作弊的念頭。

　　3. 超我：是人格結構中最高層次的部分，是經由父母教養、學校學習以及社會文化的規範而形成的，也就是人們內心中的良心、良知或社會規範，所以超我是受到「道德原則」的支配。

　　三者必須保持平衡，才能發展出健全的人格，生活才會快樂，否則會導致適應不良或心理不健康。

人格是由本我、自我及超我所組成的。

四、學習論

學習論的學者基本上認為人格可經由生活環境中學習而得到。

（一）斯金納（B. F. Skinner）

斯金納的主張較傾向行為主義，他認為人類的行為都是個人在生活環境中，透過操作制約的歷程所形成的反應傾向，而人格就是由這些行為反應傾向交織而成的。

從這樣的觀點來看，我們可以知道學生表現認真、用功，而得到父母或老師的獎勵肯定，以後可能學到勤奮的人格；如果偷東西被處罰，以後將會塑造出誠實的人格。

（二）班度拉（A. Bandura）

班度拉認為個體是透過觀察與模仿來習得某些行為的，並不一定要經過制約增強才能學會。例如，在班度拉的實驗中，安排小朋友觀看電視中的暴力鏡頭，結果大部分的小朋友學習到攻擊行為。

「近朱者赤，近墨者黑」、「見賢思齊」、「見不賢而內自省」、「孟母三遷」等現象，大都能與人格學習論的原理相呼應。

五、人本論

人本論學者以馬斯洛和羅吉斯為代表，他們強調人有追求自我實現的主宰動力，重視「此時此地」的主觀經驗對行為的影響。

（一）馬斯洛（S. Maslow）

馬斯洛的人格理論是透過對健康人的研究而來，他認為每個人都會積極地朝向健康、成長，以及人類的自我實現的方向前進，認為自我實現的驅力成就了人格的一致與組織。

馬斯洛以需求層次的概念來說明人格成長的心理意義，通常個體會經由最基本的需求獲得滿足，逐次追求較高層次的需求，而後達成自我實現的最高目標，此時個體會主觀經驗到一種心靈的滿足與完美的高峰經驗，所以在人格的成長上，自我實現的人可以說是心理最健康的人。

需求層次概念，是自我實現的人也是心理健康的人。

（二）羅吉斯（C. Rogers）

羅吉斯提出的是個人中心人格理論（person-centered personality theory），與馬斯洛相同，他也認為人們具有自我實現的能力。羅吉斯相信，發掘個體如何解釋自己的經驗，是理解其人格與行為的第一步。除了重視自我實現外，他的人格理論是以個體的自我為中心理念，特別強調自我概念，例如「我是誰」、「我是什麼樣的人」、「我能做什麼事」

自我概念是一種主觀的經驗，通常是受到父母及其他重要他人的影響而形成的。如果一個人的自我概念與來自其他人對自己評價的真實經驗不一致時，就容易導致適應的問題。所以羅吉斯認為如果能提供個人無條件的積極關懷，則個人的自我概念與真實經驗將達到和諧，人格也就越一致。（參考林淑梨、王若蘭、黃慧真，1991；洪光遠、鄭慧玲，1995；楊語芸，1994）

以個體的自我為中心理念，強調自我概念。

人格的測量工具，分自陳式量表與投射測驗兩類。

7-3 人格測量

心理學上利用經過標準化程序編製出來的客觀測驗來測量一個人的人格，以作為心理診斷、諮商輔導或員工甄選等用途。

平常我們或多或少都已對自己或周圍其他的人做過人格的測量，也就是在坊間常依據個人的血型、生日、星座、長相、掌紋或筆跡等，來描述一個人的人格或對未來做預測。在心理學上則是利用經過標準化程序編製出來的客觀測驗來測量一個人的人格，以作為心理診斷、諮商輔導或員工甄選等用途。現今心理學家常用的人格測驗有下列兩種代表性類型：

一、自陳式量表

自陳式量表（self-report inventory）是受測者就量表中的很多陳述性題目，分別選答最適合描述自己情形的答案項目，然後再依計分規則算出總分，對照常模取得測驗分數的測驗工具。

自陳式量表以紙筆測驗為主，在受測者填答之後就可以依照一定的計分方式加以計分，而得知其人格特質。常用的量表有基氏人格測驗、柯氏性格量表、艾氏個人興趣量表、明尼蘇達多相人格測驗（Minnesota Multiphasic Personality Inventory，簡稱MMPI）。

補充

伍渥斯個人資料量表（Woodworth Personal Data Sheet）編制於第一次世界大戰期間（1917年），是第一份針對個人適應問題所編的自陳式量表。

MMPI-2 臨床量表

臨床量表	模擬題目（回答「是」）
慮病症（Hs） 不正常地憂慮自己的身體功能。	有時候我的腸子痙攣。
憂鬱症（D） 悲觀、無助、思考和行動緩慢。	我很少覺得生命是有趣和值得的。
轉化型歇斯底里症（Hy） 潛意識地藉用生理和心理問題來逃避衝突或義務。	有時候我覺得好像有東西正壓在我的頭上。
病態的疏離（Pd） 漠視社會習慣、情感淡薄、無法從經驗中學習。	我希望我能做一些我已經做過的事情。
男性——女性化（Mf） 區分男性和女性的題目。	我過去喜歡在體操課跳舞。
妄想症（Pa） 不正常的懷疑、誇大或被迫害妄想。	人們對我的誤解使我害怕。
精神衰弱症（Pt） 強迫性意念、衝動性行為、恐懼、罪惡感、猶疑不定。	有時候我會想到一些可怕的事情。
精神分裂症（Sc）/思覺失調症＊ 怪異、不尋常的思想或行為、退縮、幻覺、妄想。	在我周圍的事物不是真實的。
躁症（Ma） 情緒興奮、意念飛馳、過動。	有時候我的思考快得使我趕不上它。
社會型內向（Si） 害羞、對他人沒有興趣、不安全感。	在跟別人討論事情的時候我容易中途退出。

（參考：游恆山譯(b)，2014，p.408）

補充

明尼蘇達多相人格測驗，是 1930 年代美國明尼蘇達大學教授哈撒韋（Starke Hathaway）和麥金利（J.R.Mckinley）共同編製的。廣泛應用於人類學及醫學的研究。

補充

改善社會對思覺失調症的偏見、誤解，避免患者就醫意願低，日本於 2002 年將精神分裂症更名為「統合失調症」；韓國也於 2012 年將其更名為「調弦症」；我國則於 2014 年 5 月正式更名為「思覺失調症」，期盼去除敏感字眼，增加患者就診意願，以期達到治療功效。

二、投射測驗

投射測驗（projective test）是指提供受試者相當沒有結構性的作業刺激，使受試者可以做出各種反應，依據受試者的反應，推估其人格特質的測驗工具。

投射測驗是以一些曖昧不明的刺激情境，讓受測者在毫無限制的情形下，自由做出反應，而後研究者去分析其反應，以了解受測者一些隱藏不露的人格特質。此種測驗的設計原理是因情境曖昧模糊，受測者較不會像自陳式量表一樣作假，無形中會將潛藏的一些動機、態度、需求、心理衝突等投射出來。常用的著名投射測驗可分為下列四種類型：

（一）羅夏克墨漬測驗

羅夏克墨漬測驗（Rorschach Inkblot Test）是由瑞士精神科醫師羅夏克（Hermann Rorschach，1884 ～ 1922）於 1921 年所設計的。該測驗總共有10 張內容不同的墨漬圖片，其中 3 張為彩色；2 張除黑白外還摻雜紅色；其餘 5 張都是黑白的。每一張圖片的製作，是將墨汁滴在紙張中央，然後將紙張對摺加以擠壓，就形成不規則但左右對稱的圖形。

在測驗實施過程，受測者要針對每一張呈現的墨漬圖片做一些問題的回答：「你（妳）看這張圖形像什麼？」、「看到這張圖形會想到什麼？」研究者根據受測者的反應，參照預訂的標準逐一計分，而後推測並解釋受測者的人格特質。

參 考

關於「羅夏克墨漬測驗」的詳細介紹，可參見第 6章。

（二）語句完成測驗

語句完成測驗（Sentence Completion Test）最初是艾賓豪斯（Hermann Ebbinghaus，1850～1909）於 1897 年用作智力測驗，而最早將此測驗用於人格評估的是佩恩（A.F.Payne）（1928）和田德勒（A.Tendler）（1930）。這是一種半結構式的投射技術，是將一些未完成的句子，讓受測者依自己的聯想去填滿，形成完整的句子。

語句完成測驗的基本假定是：受試者會在其所完成的句子中，反映出他的希望、意願、焦慮及態度。例如：「假如我有…………。」、「我希望…………。」、「每一個人…………。」

藉由語句的完成，研究者可了解並推測受測者的需求、態度及心中隱藏的問題，可做為臨床診斷的參考。

（三）主題統覺測驗

主題統覺測驗（Thematie Apperception Test，簡稱 TAT），是 1938 年美國心理學家莫瑞（H. A. Murray）與摩根（C. D. Morgan）所編製。該測驗有 30 張圖形清晰但題意不明的圖片，外加 1 張空白卡片。

正式施測時，根據受測者的性別以及是兒童還是成人（以 14 歲為界），取統一規定的 19 張圖片和 1 張空白卡片進行測試。受測者依照圖片的情境編造故事，故事的敘述應該包含四個基本面向：

1.圖片描述了什麼樣的情境？

補充

TAT 的原理是讓受測者在編故事時，不知不覺的把內心的衝突、矛盾、動機、需求或情感等，宣洩出來。

所以在解讀測驗結果時，主試者必需特別注意受測者所想像的故事主題，找出其中的主角。莫瑞認為這個主角往往就是受測者的化身，經由分析「主角」的心理需求，就可以得知受測者的需求。（參考：游恆山譯 (b)，2014，p.410）

2. 圖片中的情境是怎麼發生的？

3. 圖片中的人物在想什麼？

4. 結局會如何？

研究者也是藉由故事內容，了解受測者的心理需求或問題。

（四）繪畫測驗

繪畫測驗最早是古德恩納夫（F. L.Goodenough）所發展的「畫人測驗」（Draw-A-Person Test），原適用於兒童或語言表達有困難的個體。1949年Karen Machover以此為基礎融入投射技術，發展出人格系統的解釋。1948年John Buck又發展了「屋-樹-人測驗」（House-Tree-Person Test），是因為對兒童來說「屋、樹、人」都是熟悉的東西；施測時，研究者只要將筆和空白紙交給受測者，讓他在紙上畫出一個指定的主題（屋樹人或動物等）。研究者再以面談的方式了解受測者所畫的內涵，進一步去分析和解釋其人格特質。

有趣的問題

坊間的趣味心理測驗似乎常常會猜中我們的性格、對事情的價值觀，即使是星座書對各星座的人所具有的特性的描述，也常能令我們心服，但是我們可以信賴這些測驗的結果嗎？心理學家所謂的心理測驗與這些坊間的趣味性心理測驗又有什麼不同？

參考答案：

坊間有很多諸如「趣味心理測驗」的書籍，報章雜誌上也常會出現一些有趣的心理測驗，本題只是拋磚引玉讓學生在學習前一章與本章之後，知道可信賴的心理測驗必須具備標準化、信度與效度的概念，在閱讀坊間的心理測驗時，知道該類型的心理測驗多半未具備標準化、信度與效度的條件，僅能作為參考之用，不宜過度相信。

所謂「發展」，是個體從出生到死亡的歷程，其間包含了個體的生理、心理、社會各層面的成長。

包括：身體動作發展、語言發展、認知發展、社會發展及道德發展等五個層面。

8-1
發展的現象與基本概念

8-2
幼稚期、兒童期重要行為的發展

8-3
青年期及成年期以後的心理與行為特徵

艾瑞克遜的人生發展八個階段，激起了很多發展心理學者將研究焦點轉移到成人發展上。

CHAPTER

8

行為的發展

現代心理學者大多數同意：發展是遺傳、環境、成熟及學習等因素影響的結果。

8-1 發展的現象與基本概念

所謂「發展」，是個體從出生到死亡的歷程，其間包含了個體的生理、心理、社會各層面的成長。

我們經常會用到發展這個名詞，但是心理學對於發展的定義是什麼？「發展」一詞在心理學家的定義是：個體從受精卵開始到生命結束的期間，隨著年齡的增加，在身體上及心理上持續產生改變的過程。也就是說，發展是隨時間的增長，我們在身體方面的體重、身高、臉形以及心理方面的能力、情緒、人格等都會不斷的發生改變。這些就是「發展心理學」（developmental psychology）所要討論的內容。

請仔細思索及回憶我們自身從童年到現階段的年齡在各方面的變化，就可以明白發展的真正涵義了。為了能對發展有更進一步的了解與認識，以下扼要介紹一些發展心理學者研究所得的重要觀念。

一、影響行為發展的因素

個體的發展到底受什麼因素影響，在早期的哲學家與教育家，屢有先天與後天的影響，哪一個重要的爭端。同樣，在早期，結構主義學者較重視先天的說法，行為主義則傾向於後天的論點。惟現代心理學者大多數同意發展是遺傳、環境、成熟及學習等因素影響的結果。雖有四個因素會影響個體發

發展是個體從出生到死亡的歷程。

展，但實際上是很複雜、很難分開的，是這些因素共同決定或交互影響我們行為的發展。

通常遺傳決定個體發展潛能的極限，環境則支配個體發揮潛能的程度。例如：天資決定我們的能力有多好，而實際會有多好的能力表現，則要靠個人的努力——環境因素。相同地，個人語言的發展要靠生理發音器官的成熟，但要講動聽的語言，就要靠後天的學習了。

二、早期發展奠定後期發展的基礎

個體行為的發展具有前後的因果關係，心理學者的研究一再顯示：個人的很多習慣、為人處事的態度及婚姻生活的美滿與否，甚至在解決問題的效率上，都與小時候的家居生活或學習的經驗有關係。例如，在皮亞傑的理論中清楚說明了，教育幫助兒童發展高層次的概念，並學習到更多更有效的策略。佛洛伊德也曾表示，人在六歲時就構成未來的雛形。

三、發展有共同的模式

個體行為發展，雖然受到四種因素的交互影響，但大都遵循一共同模式進行著。在生理與動作的發展原則為：頭部發展在先，下肢在後，從軀幹先發展再到邊緣，從整體到特殊的發展，即全身的大肌肉活動先發展，而後再發展局部的、特殊的小肌肉活動。在心理發展方面：如先學具體事物，而後才學抽象事物；先學會畫圓圈，而後才會畫方形。

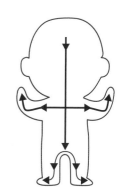

身體動作發展從頭部延伸到下肢、從中心到邊緣。

四、發展有個別差異

發展雖然遵循著上述可預知的共同模式，但每個人發展的歷程，總會因遺傳的基因、環境的良窳、成熟的快慢以及學習的經驗等因素的不同影響，而在身體、智力、人格及情緒等方面顯現出個體的差異性。例如：身材的高矮、體型的肥瘦、能力的高下、性格的內外向等，都在說明彼此間個別差異的存在。

五、發展是連續的過程但有階段現象

個體身心的發展不只是由少變多、由簡變繁的連續性改變而已，同時也有發展速率不一、時快時慢、有先有後的分階段發展的現象。例如：兒童的語言能力，在二歲以前進步的較慢，二歲到六歲則進步很快，而後又趨緩慢。因為發展過程中出現階段現象，所以在教育與心理學上就有關鍵期（critical period）的研究。關鍵期是指發展過程中，個體剛好具備獲得某一特定行為的重要時期，若此時期失去發展或學習機會，則以後該特定行為就不容易完成，甚至一生受到影響。

例如：一個懷孕的母親，在懷孕十五週內若感染德國麻疹，可能導致胎兒盲與聾；又好比兒童在二歲到六歲沒有機會去操弄語言，則以後就要花相當大的功夫再去學習。所以在教育上特別強調教學要配合發展成熟才能事半功倍，否則易導致事倍功半或揠苗助長的反效果。

發展心理學家基於社會期待或教育目的，將人生全程劃分為九個時期。

發展的分期	年齡範圍	發展的分期	年齡範圍
產前期	受精至出生	青年期	十二歲至二十歲
嬰兒期	出生至二歲	成人期	二十歲至四十歲
學步期	二歲至三歲	中年期	四十歲至六十五歲
幼兒期	三歲至六歲	老年期	六十五歲以後
兒童期	六歲至十二歲		

新生兒以驚人的速度演變，但並不是在所有身體構造上都維持等速。

8-2 幼稚期、兒童期重要行為的發展

包括：身體動作發展、語言發展、認知發展、社會發展及道德發展等五個層面。

一、身體動作發展

如上節所述，個體出生後，身體發展相當快速，而且遵循著三個明顯的模式：從頭部延伸到下肢、從中心到邊緣、從整體到特殊。通常一般的個體之動作發展均有一定的時間與趨勢，但個體間的差異也很大。

對大多數的兒童來說，身體的成長通常也伴隨著運動能力的成熟。除前述的成熟因素重要外，環境也不可或缺。因此，多提供充分的學習機會及豐富的適當環境，均有助於孩子發展出成熟的動作技巧。若孩子的動作學習機會被忽略，則動作發展會有遲緩的現象（Dennis，1960）。

幼兒行走的成熟時間表

二、語言發展

人類幼稚期是語言行為發展的開始，初生嬰兒已有簡單的聲音，滿三個月後，聲音開始複雜，即所謂「牙牙學語期」的開始；大約一歲時開始講第一個單字，而後隨著與他人的互動與模仿成人語言，而逐漸增加字彙。二歲半會使用簡短的語句，即所謂電報式語言的不完整句子；到了三

歲，大部分的幼兒已能講出完整的句子。

　　二歲至六歲是兒童學習語言的關鍵期，如果在這個階段能有比較多的機會與孩童以語言溝通、互動，並給予適時的回饋與修正，都有助於兒童的語言發展。

三、認知發展

　　認知發展是指個體成長中，有關知覺、思考、推理、記憶與解決問題等行為的發展。在兒童認知發展研究方面貢獻最大者，首推瑞士發展心理學家皮亞傑（Jean Piaget，1896～1980）。

　　根據其多年觀察研究的結果，皮亞傑認為個體與生俱來有一個認知基模（schema）—— 個體既有的認知經驗。基模是個體用以認識外在世界的基本架構，藉由與外界環境的互動，將新經驗納入舊經驗的同化歷程，或改變、擴大原有認知架構的調適歷程，此基模將逐漸改變與擴大，這也就是個體智能發展的歷程。

　　在皮亞傑的認知發展論中，他將個體的認知發展分為四個階段：

　　1. 感覺運動期（sensorimotor stage，0～2歲）：靠一些與生俱來的基模，像是吸吮、注視、抓取等，認識外在環境。
　　2. 前運思期（preoperational thought stage，2～7歲）：以一種角度來認識外在環境，思考上比較以「自我中心」的觀點看世界。此時還無法區別他心理世界與物理世界的不同。

保留概念的測試

階段1	階段2	階段3

數目守恆
「它們的數目相同或不相同？」・「現在看我做些什麼」（散布開來）・「它們的數目相同或不相同？」

固體質量守恆
「黏土的質量相同或不相同？」・「現在看我做些什麼」（把黏土拉長）・「黏土的質量相同或不相同？」

液體質量守恆
「水的容量相同或不相同？」・「現在看我做些什麼」（倒入另一容器中）・「水的容量相同或不相同？」

3. 具體運思期（concrete operational stage，7～11歲）：此時兒童已能從事心理運作產生邏輯思考，能依具體事例從事推理思考；開始發展出重量、長度、體積等「保留概念」。

4. 形式運思期（formal operational stage，11歲以上）：個體具有邏輯推理能力，能做抽象的思考，已能從感覺世界進入概念世界，認知能力已有成人的水準了。

一般而言，認知能力的發展除了上述的皮亞傑的觀點外，俄國心理學家維高斯基（L. Vygotsky，1896～1934）認為兒童的認知發展，也受到社會文化背景與生活環境的影響。所以，兒童若能在較

補充

現今學者已開始注重「社會互動」在認知發展上的角色，這樣的探討被稱為「社會文化的觀點」，以維高斯基為代表。

佳的社會環境配合下，再經由老師、父母或同伴的
互動學習，對其認知發展將會有比較好的效果。

 **四、社會發展**

一個兒童如果在語言和認知上已有相當的能
力，但沒有融入團體的能力，還是不夠完美的。他
必須還要與其他個體建立良好關係，所以社會化過
程是使個體由「自然人」發展成「社會人」不可或
缺的。在社會化過程中，個人將不斷地透過學習和
修正自己的標準、動機和行為方式，以達到特定社
會的要求和規範。

通常社會化的過程是透過與家人、朋友、師長
等人的互動或一些組織對個人價值觀的要求而完成
的。例如：社會化的結果可以遵守團體規範、約束
及限制，並且學習到忍耐、等待、輪流及分享等好
行為。

五、道德發展

道德發展是指個體在社會化過程中，因隨著年
齡的增加，而學習判斷是非善惡及表現道德行為的
過程。有關道德發展的看法，以皮亞傑及柯柏格（L.
Kohlberg，1927～1987）兩位的觀點最具代表性。

（一）皮亞傑的道德發展論

皮亞傑認為兒童隨著認知發展的不同階段，他
們對「行為的後果」（consequences）和「行為的
意圖」（intention），賦予不一樣的重要性。皮亞

補充

裴斯塔洛齊認為人的道
德發展有三個段落：
1. 自然人－兒童本能純
   潔的「自然情況」
2. 社會人－經過抑制的
   「社會情況」
3. 道德人－自律自發的
   「道德情況」
是一種由低級的自然導
引至高級自然的過程，
正是裴斯塔洛齊所主張
的自然主義教育理想。
（參考：朱敬先，2012，
p.43）

傑強調兒童的道德發展，包含無律、他律及自律等階段。

1. 無律階段：四歲前的兒童沒有規則概念，道德不存在他們心中。此時兒童的行為常是無規範的活動，不知是非善惡，容易為所欲為。

2. 他律階段：四歲～八歲的兒童對道德的判斷受他人價值標準或規範所左右，認為服從規矩就是「好孩子」，超越規矩就是「壞孩子」。他們根據行為後果，而非主觀動機來認定，例如：幫忙洗碗而打破碗和偷吃糖而打破碗的行為是「一樣的壞」。

3. 自律階段：八歲～十二歲的兒童對道德的判斷不再依據權威或紀律，對行為是非善惡判斷，不光憑行為的後果，同時考慮行為的意圖。例如：打破杯子會說：「我不是故意的」。

誰比較調皮搗蛋？

故意打破1個杯子

不小心打破10個杯子

（二）柯柏格的道德發展論

柯柏格直到 1969 年才發表他的道德發展六階段論。為方便記憶，一般又將它簡化為三個層次，而個體間的發展有很大的差異。其要點如下：

1. 道德成規前期：行為的依據看是否受到稱讚或處罰而定，也就是說要做或不做某件事，先看是會得到好處還是可避免處罰。

2. 道德成規期：以達到別人的期望並且重視法律規章的約束為行為依據，也就是說好學生功課要棒，上課不能吃東西。

3.道德成規後期：個人行為思想已達獨立自律，超越了現實道德規範的約束，以自己的良知做是非判斷，關懷全體人類福祉的普世價值是行為的準則。例如：德蕾莎修女讓自己變窮去濟助窮人而不求回報的利他行為。

┌─────────────────────────────────┐
│ **道德成規前期** │
│ 第一階段：避罰與服從趨向 │
│ 第二階段：相對功利趨向 │
├─────────────────────────────────┤
│ 行為乃依據行為後果是受到稱讚或 │
│ 處罰而定。 │
└─────────────────────────────────┘

┌─────────────────────────────────┐
│ **道德成規期** │
│ 第三階段：希求認可趨向 │
│ 第四階段：法律命令趨向 │
├─────────────────────────────────┤
│ 行為依據為達到別人的期望並重視 │
│ 法律規章的約束。 │
└─────────────────────────────────┘

┌─────────────────────────────────┐
│ **道德成規後期** │
│ 第五階段：社會契約規範趨向 │
│ 第六階段：普遍倫理原則趨向 │
├─────────────────────────────────┤
│ 個人的行為思想已超越現象道德規 │
│ 範的約束。 │
└─────────────────────────────────┘

補充

為了驗證這些階段，柯柏格設計了一系列「道德兩難」（moral dilemmaas）的問題。

例如：一名男子急需一種特效藥來醫治他得絕症的妻子，但這藥非常的貴，他錢不夠，醫師又不通人情不讓他賒帳或降價；於是這名男子潛入醫生家中偷走了藥。

他這麼做對嗎？為什麼？

補充

A：應該偷，理由是他有義務救他病危的妻子。

B：不應該偷，理由是他有義務遵守法律。

雖然決定不同，但都是關心「應盡的義務」這一點；因此都可歸在第四階段。

兒童期之後，個體將面臨更多且複雜的人生課題。

8-3 青年期及成年期以後的心理與行為特徵

艾瑞克遜的人生發展八個階段，激起了很多發展心理學者將研究焦點轉移到成人發展上。

早期的發展心理學研究大多偏向於嬰兒期和童年階段，然而生命的每一階段都在不停地改變，而且也都有其特色。其實，兒童期之後，個體將面臨更多且複雜的人生課題，諸如教育、事業、伴侶、婚姻、家庭以及休閒活動等的抉擇。所以，艾瑞克遜（Erik Erikson，1902 ～ 1979）認為每個人在走完人生的旅途時，都要經過一系列的危機（crisis），而且要適時去化解危機，才能順利繼續發展。

 ## 一、艾瑞克遜的人生發展八個階段

年齡	階段危機	重要內容及社會影響
出生～一歲	對人基本的信任感 vs. 不信任他人	此階段的主要發展任務是建立對照顧者的信任感，照顧者若是持拒絕或不一致的態度，嬰兒就會學習到世界是一個充滿危險的地方，認為他人是不可信任的。
一～三歲	活潑自動 vs. 羞愧懷疑	兒童必須學習飲食、穿衣、衛生等自助技能。缺乏獨立自主性，將導致兒童懷疑自身的能力而感到羞愧。
三～六歲	自動自發 vs. 退縮內疚	兒童開始肩負責任，有時表現不符父母期望的行為與活動，這些活動常常會使兒童感到內疚，如果能夠成功地解決這個衝突，則一方面兒童可以保持自動自發的精神，另一方面又可以尊重他人而不致侵犯他人的權益。
六～十二歲	勤奮努力 vs. 自眨自卑	學習重要的社會與讀寫算等技能，與友伴之間會進行社會比較，勤奮努力掌握社會與學習技能，可增加兒童的自信心，否則將導致自卑感發生。
十二～二十歲	自我統整 vs. 角色錯亂	此時期是介於兒童到成人的過渡期，青少年對於自我認定的問題很有興趣，他們必須建立基本的社會與自我認定，否則在扮演成人角色時，將會發生角色錯亂的現象。

年齡	階段危機	重要內容及社會影響
二十～四十歲	友愛親密 vs. 孤獨疏離	必須建立友誼，獲得愛與伴侶之親密人際關係，否則將會感受孤獨疏離與寂寞。
四十～六十五歲	精力充沛 vs. 頹廢遲滯	可由工作中獲得成就，建立美滿的婚姻家庭生活，協助滿足下一代的需要。個人如果不願或不能擔負社會責任，或不願對社會有所貢獻，將會頹廢或自我中心，不關心他人。
六十五歲以後	自我統整無憾 vs. 悲觀絕望	回顧一生，若覺得生命旅程具有意義，有所成就，就會感到快樂充實，滿足無憾，否則就只是覺得來日無多，而人生的願望與目標多未能實現，充滿了悔恨與失望。

　　艾瑞克遜的人生發展八個階段，激起了很多發展心理學者將研究焦點轉移到成人發展上，本節僅就青年期及成年期以後的一些問題加以探討。

 二、青少年期的生理與行為

　　青少年期通常是從性成熟或獲得生殖能力開始，也就是所謂「青春期」的階段。在此階段個體的身高、體重快速成長；除了主性徵的性器官明顯變化外，第二性徵也出現，男孩開始變聲、長鬍鬚、腋毛、陰毛及體毛；女生乳房隆起、臀部變大、皮下脂肪增加等。通常女生的青春期年齡（11～14歲）比男生（12～15歲）早。

　　青少年階段由於生活圈擴大，父母及家庭不再是唯一滿足其需要的來源，自我觀念容易受同儕團體的影響，因而開始懷疑父母的權威，伴隨著出現反抗的行為；偏偏此時個體正處於兒童和成人的過渡階段，既非大人也不是小孩，時常處在尷尬、迷惑又不知所措的地步，倍感壓力與困擾，又找不到傾訴的對象，因此情緒極端的不穩，也是所謂的「狂飆期」。

　　青年期伴隨身體的成熟使他（她）們注意到性愛和性衝動，而由於早期社會的禁忌和對性知識的缺乏，常使他（她）們以自慰（自己刺激性器官）的方式表現性慾。最近由於性態度的開放及性的泛濫，青少年從事性行為的比例上升了許多。

因此，在發展性別認同時，應該特別注意性倫理，這個倫理不僅反映個人的標準、道德和喜好，同時也要了解性行為的真實後果。

總而言之，青少年身心尚未發展成熟，也缺少正確的性知識，所以，在兩性交往時，必須互相尊重，彼此多了解，以公開、健康且穩重的方式來往，避免造成不可彌補的傷害。

到了青年中、後期，個體重要的發展任務是自我認同，開始思考關於「自我」的問題，並且以各種方法，不同的角色去回答「我是誰？」與「我將走向何方？」如果可以找到肯定的答案與確切的方向，將是自我統合的形成；否則將是角色混淆，導致個人迷失方向。

補充

有 1/3~1/2 的男孩及 18%~37% 的女孩，表示他（她）們在 13 歲前就自慰過；而 80% 的男孩與 69% 的女孩說他（她）們在 19 歲前自慰過（Hass，1979；Sorensen，1973）

約有一半的年輕人在 18 歲以前就有性行為的經驗，75% 的人在 20 或 21 歲前有性行為的經驗（Chilman，1983）。

三、成年期以後的發展

依照艾瑞克遜的發展觀點，成年期的個體不應再追求每個人都喜歡他（她），應該逐漸發展和特定一人建立親密關係。在特定親密關係中，是指對特定一人在性、情緒道德和責任的承諾，並對某些個人喜好做某些犧牲和妥協。此時除了形成婚姻的親密關係外，個人也要能建立其他如工作夥伴的關係，才不會形成孤立。中年期以後，艾瑞克遜（1963）認為要發展有創作能力的生命，為家庭、工作、社會和下一代貢獻的承諾，創造一個更好的環境給他（她）的下一代生存。

由此可知，中年期以後的發展任務是：維持良好的婚姻關係、教養孩子、照顧年老父母、共同分擔家庭責任、創造幸福家庭。

為家庭、工作、社會和下一代貢獻的成年人。

有趣的問題

目前你正處於人生的哪一個發展階段？與艾瑞克遜的發展理論比較，你覺得自己的發展任務是什麼？如何達到這些發展任務？

為了能夠與他人和諧相處，我
們必須了解別人，才能對彼此
的互動意涵做正確的判斷。

對自己或他人行為發生
的原因或結果，所做的
解釋或推論的歷程，就
稱為「歸因」。

自己在團體時的表現，
以及獨自一個人時的表
現，是否有所不同？造
成差異的原因是什麼？

9-1
社會認知
（一）
印象的形成

9-2
社會認知（二）
行為的歸因

9-3
團體規範
與個人行為

9-4
人際關係

人際關係良好，對生活有
正向的影響；相反的，人
際關係不佳，會給生活帶
來很多的困擾。

CHAPTER

9

社會行為

人是社會的動物，必須在團體中生活，若脫離團體則很難獨自生活。

9-1 社會認知（一）── 印象的形成

為了能夠與他人和諧相處，我們必須了解別人，才能對彼此的互動意涵做正確的判斷。

社會認知（social cognition）或社會知覺（social perception）一詞，乃是指一個人對社會情境中人、事、物的了解、認識或評價；其中以對人的知覺為心理學者探討的主要焦點，稱為「人際知覺」（personal perception）。在人際知覺的過程中，通常會先依對方映入我們眼簾時所形成的印象，試著去了解、評價。而有些怎樣的因素會形成我們對他人的印象呢？又怎麼知道他人行為背後的原因呢？本節先從「印象的形成」方面來探討。

從與人開始接觸的第一秒鐘，我們就會形成對對方的印象；依自己的交往經驗，去斷定對方的特徵、能力及態度的過程就是「印象形成」（impression formation）。影響我們對他人印象形成的因素，可有下列幾項：

 一、外表的容貌

我們很容易在與別人初相識時，就從外表的一些穿著與長相，形成所謂的「第一印象」。此一「先入為主」的印象一旦形成後，我們通常就很容易以該印象去做各種的評價。縱使這個印象不一定很正確或很吻合，可是卻會影響以後的長期印象或彼此

補充

有研究顯示，「臉部對稱」（facial symmetry）－也就是說臉部的左右兩側完全穩合－具有舉世皆然的吸引力。根據演化心理學家的看法，臉部對稱性高，代表擁有優質且健康的基因。（引用：李政賢譯，2009，p.389）

的互動，而且很不容易再受到往後的訊息或經驗的影響。平常所稱的「一見鍾情」就是表示有很好的第一印象。

所以，父母或師長常會提醒我們，赴約會、相親或參加各種升學、就業口試時，必須注意儀容的端莊及言行舉止，為的就是要讓對方留下良好的第一印象。

二、刻板印象

有時候我們會一廂情願地認為日本人小氣、美國人天真、猶太人吝嗇、黑人懶惰、客家人節儉、禿頭聰明、耳長壽命長等；但本身可能從來沒有跟這些日本人、猶太人、黑人有過任何直接的來往。像這種只憑偏見或道聽途說，既不是以直接交往為依據，又不是以事實資料為基礎，而對某些人或某些團體所產生的不一定正確或與事實有出入的印象，稱為「刻板印象」（stereotypes）。

常見的刻板印象有三種類型：男性較為理性、堅強；女性較為感性、軟弱的「性別刻板印象」。美國人天真、日本人小氣的「種族刻板印象」。律師能言善道、醫師比較有錢的「職業刻板印象」。

對於這些人你的印象是什麼？

❓ 三、先入為主的觀念

在序列的訊息當中，各項目出現的先後位置會影響記憶的表現，稱作「序列位置效應」（serial position effect）。例如：我們在對別人的印象形成的過程中，最先接受到的部分訊息或片斷資料的影響力較大，而後來接受到的訊息影響力則較小；所以我們對初戀情人總是難以忘懷、上學的第一天總是印象深刻。這種先入為主的心理現象，就是一種序列位置效應，稱為「初始效應」（primacy effect）。

> **補充**
>
> 最新接受的訊息所產生的影響力，大於原來獲得的訊息所產生的影響力；例如，剛剛發生或看過的情境，會在大腦中留下較深刻的印象。這也是一種序列位置效應，稱為「近因效應」（recency effect）。

❓ 四、情境的因素

如果有一天某位同學從「網咖」走出來，大家可能會認為他（她）不是好學生；而有位同學從圖書館走出來，就可能會認為他（她）是用功的學生。像這種對他人的印象形成，就是受到當時情境的影響。

❓ 五、個人本身的因素

對他人印象的形成，也容易受到自己的態度、興趣、個性、價值觀、心情、宗教信仰等的影響。比如說：跟自己個性相似的，比較會有好印象；和自己宗教信仰相同的，也會有好印象；心情不好時，對別人的印象比較不好。

六、以偏概全

當我們對他人的認識不是很清楚或交往不是很深入時，很容易以第一印象，產生以偏概全的心理現象；也就是說很容易在看到某位同學有某一項好特質時，就認為這位同學也具有其他類似的好特質。例如：老師遇到一位跟他敬禮的學生，可能也會認為這位學生很乖、用功、聰明、有人緣，這種以偏概全的現象，就是一種「月暈效應」（halo effect）。

補充

我們看到的月亮大小，其實並不是實際的月亮大小，而是包含了月亮外圍的暈光，這讓月亮看起來比實際更大；這就是「月暈效應」。

1920年，教育心理學之父桑代克（Edward L. Thorndike）發表了月暈效應的實際研究；他發現人在評價他人時，常概分為好的或不好的。當一個人表現好時，大家對他的評價會遠遠高於他實際的表現；反之，當一個人表現不佳時，這個弱點也會被放大。

有趣的問題

狄翁等人（Dion, Berscheid, & Walster, 1972）請大學生觀看三類人物的照片（外貌吸引程度分別為：高、中、低），然後針對照片人物的性格予以評價。結果發現，參與者傾向認為外貌出眾的人也相對擁有比較多社會可欲的性格特徵，例如：事業成功、聰明、有主見、社交能力強。外貌出色的人也被認為：未來會有比較好的前途發展；離婚的可能性比較低；比較可能成為好爸爸、好媽媽；比較可能獲得高滿意度的社交生活與事業成就。而且不論是個人主義的國家（例如：美國、英國），或集體主義的國家（例如：北韓），都發現有類似的研究結果。

（引用：李政賢譯，2009，p.393）

人對周邊所發生的事情，都有想要找出原因的傾向。

9-2 社會認知（二）— 行為的歸因

對自己或他人行為發生的原因或結果，所做的解釋或推論的歷程，就稱為「歸因」。

在人際知覺中，除了看到人的行為現象外，還想要進一步知道其行為產生的原因。這種對自己或他人行為發生的原因或結果，所做的解釋或推論的歷程，就稱為「歸因」（attribution）。例如：有時候我們會想知道為什麼這次期中考考不好，是讀書方法不對？還是題目太難？當我們對行為做了歸因以後，通常就知道下一步要怎麼做才會比較好。

以下扼要介紹歸因的兩個理論及相關的問題。

 一、海德的歸因理論

社會心理學家海德（F. Heider）認為一個人的所作所為都是有原因的，如果將行為原因歸於環境的因素，稱為情境歸因（situational attribution）或外在歸因，大多與工作難易或運氣好壞有關；將行為原因歸於行為者個人的因素，稱為性格歸因（dispositional attribution）或內在歸因，大多與個人能力、性向或努力有關。

比如說：學生期中考考不好，如果認為是自己不用功或讀書方法不對，就屬於內在歸因；如果認為是運氣不好或題目太難，就屬於外在歸因了。海

補充

歸因理論（attribution theory）起源於海德的論述。他認為人們不斷從事因果分析，作為他們試圖普遍了解世界社會的一部分。

他表示人們都是「直覺心理學家」（intuitive psychologists），就像專業心理學家一樣，試圖推敲是什麼原因導致人們的行為。

德在進一步解釋行為歸因時，他認為我們如果能對自己的行為結果做內在歸因的話，才會對自己的行為結果扛起責任，也就不會怪罪別人，社會也會比較和諧，這跟曾子說的「吾日三省吾身」是不謀而合的。

二、開利的歸因理論

開利（H. H. Kelly）根據海德理論加以解釋，認為對行為的原因和結果要歸於個人因素或情境因素，通常有三個標準可供參考：

（一）特殊性（distinctiveness）

是指個人的行為，只有在某種特殊情境下才會發生。例如：阿明上數學課打瞌睡，他是否在上其他課時也打瞌睡？

（二）一致性（consistency）

是指個人行為在不同時候，不同的情境下的穩定程度。例如：阿明是不是不管在什麼時候每次上數學課都打瞌睡？

上課時，有一個人打瞌睡與一群人都在打瞌睡，應該是不同的歸因。

（三）共同性（consensus）

是指他人在同樣情況下也出現相同的行為。例如：其他同學上數學課也打瞌睡嗎？

根據開利的歸因理論，如果行為具有高特殊性、低一致性和高共同性，則傾向於情境因素；如果行為是低特殊性、高一致性和低共同性，則傾向於個人因素。

三、歸因的偏差與錯誤

在對自己或別人的行為做歸因時，可能會受到一些因素的影響，而做出不正確的歸因，是為歸因偏誤，大約可歸為以下幾項：

（一）基本的歸因偏誤

在某種行為發生後，如果對該行為發生的原因傾向做個人歸因，而忽略影響該行為發生的情境因素，就是基本歸因偏誤（fundamental attribution erro）。例如：某位學生畢業後找不到工作時，我們比較會責怪自己能力不足（個人歸因），而忽略了就業機會太少（情境歸因）的因素。

有趣的問題

假設你和朋友約會，他卻遲到了一小時；請問你會如何對自己解釋？
1. 他一定是有重要的事，才耽誤了時間。
2. 他就是這麼懶散，沒有時間觀念！

研究顯示，人們比較可能選擇答案（2）：即經常高估了性格因素，而低估了情境因素。心理學家 Lee Ross 稱它為基本歸因偏誤。
（引用：游恆山譯 (b)，2014，p.488）

（二）行為者與觀察者的偏誤

行為者與觀察者對同一個行為的歸因，不一定相同。通常行為者對自己行為的歸因大都傾向於情境因素，但是對別人行為的歸因則大都傾向於個人因素。

此種現象，最常見於在學校的學生考試成績不好時，就學生（行為者）來說，總是認為回家要做家事或老師講解不清楚（情境歸因），所以考不好；但從學生家長（旁觀者）的觀點來看，則認為是學生不用功，平常遊手好閒不做功課（個人歸因），所以成績不好。

（三）成功與失敗的歸因

通常人們在成功或失敗時，大都會有不同的歸因。也就是說成功時易歸因於自己的努力、聰明；失敗時易責怪別人的表現不好、不合作。

最常見於在球場上的比賽，獲勝時，球員大都認為自己表現稱職、得分多；輸掉時，大部分的球員則會怪罪隊友不合作，有人愛自我表現。

補充

隨著歸因而來的情緒反應

你針對成敗的感受取決於你對所得結果從事何種歸因。例如，當你把成功歸因於你的能力時，你將會感到驕傲；但是當你認為失敗是因為你能力不足所引起時，你將會覺得沮喪。或者，當你把成功歸因於他人的善意舉動時，你將會覺得感激；但是當你認為他人的舉動造成你的失敗時，你將會感到憤怒。

情緒反應		
歸因	成功	失敗
能力	勝任感、自信、驕傲	無力感、認命、沮喪
努力	安慰、滿足、放鬆	罪疚、羞恥、畏懼
他人的舉動	感激、感恩	憤怒、生氣
運氣	驚喜、內疚	訝異、驚愕

（引用：游恆山譯(b)，2014，p.336）

團體有一定的規範，而生活於其中的成員須經由團體的規範，表現出適當的行為。

9-3 團體規範與個人行為

自己在團體時的表現，以及獨自一個人時的表現，是否有所不同？造成差異的原因是什麼？

　　個體加入團體之後，就要遵守團體的約束，同時也要達到團體的期望與標準，所以團體有一定的規範，而生活於其中的成員，則須經由團體的規範，表現出適當的行為。例如：同學在學校要遵守校規；過馬路走斑馬線，這就是團體對個人行為的影響。本節將扼要介紹他人在場與從眾兩種團體對個人行為影響的現象。

 一、他人在場——社會助長與社會削弱效果

　　早在 1897 年，法國心理學家崔普利特（N. Triplett）在《美國心理學雜誌》發表了一項實驗報告，他發現這樣的現象：自行車比賽的選手，在有競爭對手或同伴的情況下，其成績表現比較好；而在單獨情況下，其成績表現比較差。

　　此後，1916~1919 年間，阿爾波特（Floyd Allport）在哈佛大學進行了一系列相關的實驗；結果證實，即使是一個旁觀者——觀眾而非同伴——在場也能促進表現。像這種有同伴或觀眾在場，會增進個人的工作表現的現象，阿爾波特（1920 年）首創「社會助長」（social facilitation）

有趣的問題

為什麼有些時候，他人在場對我們的表現有助長效應，有些時候卻產生削弱作用呢？

關鍵就在於任務的複雜度（task complexity）。

一詞來描述。但是，也有些研究卻發現，由於他人的在場反而降低了工作表現的現象，稱為社會削弱（social Inhibition）效果。

通常，他人的在場會造成社會助長效果或社會削弱效果，要依工作性質而定。如果工作是簡單或熟練的，則會有助長的效果；如果工作是困難或複雜、不熟悉的，則會產生削弱的效果。

崔普利特的實驗

實驗是這樣進行的：他讓被試者在三種情境下騎完 25 英里的路程；結果得到不同的成績。

情　境	結　果
	自己單獨騎 平均時速 24 英里
	有一個人跑步伴同 平均時速 31 英里
	與其他騎車人競賽 平均時速 32.5 英里

❓ 二、助人行為與責任分散

在團體中時常會發現有些人一直在默默行善，隨時隨地在幫助別人，這種幫助別人不求回報的利社會行為的影響力是相當大的。父母或其他成人如果常表現助人行為，並且對子女的善良行為時常給予肯定，可以增加子女的利社會行為。

有時，助人的行為會受當時情境的影響。單獨一人看到有人危急時，比較會生起趕快救人的責任心而去助人；但如果現場同時有很多人出現時，個人比較會出現袖手旁觀的心態。

我們可能會直覺地覺得當發生事件時，若是旁觀者越多，他人伸出援手的機會就越大；不過事實卻相反：旁觀者很多時，大多數人都認為反正會有人伸出援手，結果反而導致助人行為減少的情況產生；這就是所謂責任分散（diffusion of responsibility）的現象也稱為旁觀者效應。

補充

責任分散的現象不只是出現在助人行為，團體決策時也是如此。

當決策是由團體制訂時，由於錯誤決定的責任被分散了，所以某些個體就可能會做出極端的決策（反正不是只有我一個人）。

❓ 三、從眾行為

前面已提及個體在加入團體後，即成為團體的一份子，為了要能被團體接納與認同，就必須表現符合團體規範的行為，這是大家都能了解的事實。另外有一種情形，我們知道自己的觀點是正確的，而團體的意見是不正確的，但此時人們也有可能因為感受到團體壓力，決定放棄自己的意見而採取跟團體成員相同的行為，此種現象就是社會心理學家

阿舒（S. Asch）的實驗中所謂的：個人在團體壓力下，放棄自己意見而迎合多數人意見的從眾行為。

　　阿舒的實驗程序是請一位受試者與其他的七至九個成員（事實上是實驗者事先安排的同謀者），圍著一張實驗桌而坐。實驗者隨即呈現兩張卡片給團體成員看，其中一張為標準卡，卡片上畫有一條直線段（如圖 a），另外一張為比較卡，其上畫有三條長度不相等的直線段（如圖 b）。實驗者要求團體成員一一判斷，比較卡上的線段中哪一條與標準卡上的線段一樣長。實驗者在各實驗小組中，總是將真正的受試者安排在最後回答（或接近最後）的次序，而且預先安排同謀者故意一致選擇不等長的線段回答（比較卡上的直線 2 是正確答案），也就是指定選擇直線 1。在這種情形下，當同謀者都異口同聲選定直線 1 為正確答案時，到底受試者會堅持自己意見？還是棄守自己的意見去附和大眾的錯誤判斷呢？

　　根據阿舒重複多次的實驗，並蒐集好多小組的資料，整理出來的實驗結果頗讓人驚訝。雖然是這麼簡單且答案明顯的線段判斷問題，可是受試者迎合團體的意見卻平均高達 37%，而有 74% 的受試者至少有產生一次從眾行為。可見，在團體壓力下，縱使大多數人的意見是錯誤的，仍然有將近 1/3 強的人會放棄自己的意見，而迎合多數人的錯誤判斷。

阿舒的實驗

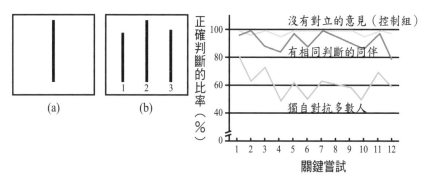

比較卡（b）上的線段中，哪一條與標準卡（a）上的線段一樣長？

人不可能離群索居，因此在團體中生活，人際關係是非常重要的一環。

9-4 人際關係

人際關係良好，對生活有正向的影響；相反的，人際關係不佳，會給生活帶來很多的困擾。

　　人在各種社會團體中，無可避免的要與各種不同的人來往互動，這種互動的結果，往往會對我們造成很大且多方面的影響，例如事業的成敗、精神上的苦樂、家庭氣氛和諧與否、婚姻品質的優劣等，凡此都維繫在我們是否有良好的人際關係。

　　通常我們都希望擁有愉快的人際關係，迴避那些痛苦的人際關係。所以，如何建立良好的人際關係及改善不良的人際關係就顯得特別重要了。這可從人際吸引先談起：

一、人際吸引

　　人際吸引（interpersonal attraction）是指人與人之間在心理上彼此產生好感，進而經過不斷的接觸與往來，建立互相喜歡的感情關係過程。1934年，莫瑞諾（Jacob Levy Moreno Moreno，1889～1974）發展出社會測量法（Sociometric Method），藉以了解團體成員彼此互相喜歡或排斥的程度。此法是要求團體中的每一位成員選出二到三位他（她）最喜歡與他（她）在一起的人，然後將資料整理就可以繪成社交圖。我們可以從圖中知道在團體中，哪一些人會形成小團體，哪一個人最受歡

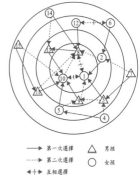

→　第一次選擇　△　男孩
⋯⋯▷　第二次選擇　○　女孩
◀─▶　互相選擇

（王文科著，2014，p.210）

迎，哪一個人最不受歡迎。

　　除了上述的簡單測量人際彼此喜歡的差異程度的方法外，有許多心理學家也對人際吸引的問題做了一系列研究，歸納出一些影響人際吸引的目標對象因素。

（一）外在吸引力（physcial attractiveness）

　　通常我們都會比較喜歡漂亮的人，只要看看一般人花在化粧品、服飾、瘦身減肥或美容整形上的錢，就知道外在美受重視的程度了。電影情節中常有「英雄難過美人關」的寫照，亞里斯多德也曾說過：「美麗比一封介紹信更具有推薦力」。

　　其實在許多進一步的研究中發現，外在美是不可靠的，在雙方交往初期，外在美是第一印象的因素，影響力大，但隨著交往時間的增長，因對對方的其他特性了解比較多，外在美的影響力就減小了，「日久見人心」就是這個道理吧！

（二）相似性（similarity）

　　社會心理學者的研究發現，態度、興趣或價值觀相似的人會相互吸引，俗語說：「物以類聚」、「臭氣相投」，這也就是說人喜歡和與他（她）相同的人做朋友。一般高中生所認為「最好的同學」，通常是在年齡、年級及成績上都相近的人。

（三）互補性（complementarity）

　　有時因為自己的某些能力不足，而想藉他人的優點來彌補自己的短處，也是構成人際吸引的因素之一。比如說：一個性情急躁的人可能會尋找性情

溫和的人為伴侶；矮個子的女性喜歡嫁給個子高的男性；支配性強的人常與順從性強的人結為夫婦。

（四）「互惠性」（reciprocity）

也就是說，人們傾向於喜歡那些你認為他們也喜歡你的人；「以恩報恩，以仇報仇」的原理，顯然也適用於友誼。人類社會普遍有這樣的信念，認為人們應該依照對方對待自己的方式，來回應對方的對待。這個原則也可以用來解釋攻擊行為、助人行為等。（李政賢譯，2009）

影響人際吸引的除了上述來自目標對象的因素之外，還有當事人主觀因素，包括：當事人對他人的熟悉程度，以及當事人承受的焦慮或壓力程度。

（一）熟悉性（proximity）

人與人之間的互相喜歡，時空的接近是不可或缺的重要因素之一。俗語說：「近水樓台先得月」、「向陽花木早得春」、「遠親不如近鄰」。我們喜歡的人，大都是我們的室友、一起上下學或選同一門課的同學，或坐在自己位子四周圍的同學，因為這樣的「接近」增進了彼此的接觸與深層的認識，而增加彼此的喜歡程度。

因為時空接近的關係，增加接觸的機率與經驗，會影響我們的喜歡程度，此現象是所謂的「單純曝光效應」（mere exposure hypothesis）。很多商品廣告或歌星的新歌會在電視螢幕上不斷重複出現，就是藉多次的曝光而增加觀眾對它們的熟悉度，進而在心理上產生喜歡而去消費。有一實驗，將陌生人的臉的相片一直重複出現，結果竟然也能被評定為討人喜歡。

（二）焦慮（anxiety）

焦慮可能讓人急切想要找人作伴，藉以擺脫個人的不安。而且焦慮的人會偏好選擇與自己有相同經歷的人做伴，這可能是因為可以得到社會支持，也可以透過比較，讓自己知道該如何因應。

例如，1999 臺灣南投 921 大地震後，災區有些學校即由輔導老師成立「開放性支持團體」，讓同學抒發情緒；或是催化相似經驗遭遇者組成自助團體，形成互助動力相互打氣支持。

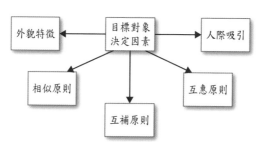

人際吸引之目標對象因素速記圖

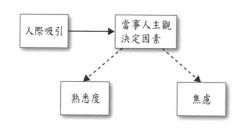

決定人際吸引之當事人主觀因素速記圖

（引用：李政賢譯，2009，p.404、p408）

 二、建立良好的人際關係

由社會的種種趨勢及跡象顯示，人類進入二十一世紀後，由於社會結構的改變，產業型態以服務業為主體，所以不管在政府機構、私人企業，甚至非營利的事業單位，都必須強調服務的精神，才能獲得客戶的滿意，甚至獲得最大的利潤。此時，不論是個體、社會或國家，溝通與人際關係就顯得特別重要了。至於如何建立良好的人際關係，以下提出一些具體的方法，可以在日常生活中不斷加以練習，就能有圓融的人際關係。

（一）管理好情緒

平常與別人相處，難免會有不愉快的事情，而使心裡有不舒服的感覺，但是要學會適當控制情緒，所謂「小不忍，則亂大謀」，能忍則忍，才不會破壞人際關係。

好情緒

沒事~沒事~

（二）處理問題的態度要有彈性

每一個人有不同的知覺經驗，而且每一件事都可能有多方面的看法與不同的做法。試著接納他人的看法與做法，因為一味的固執與堅持，不但於事無補，也可能會破壞和諧的人際關係。

好態度

（三）打開心胸說亮話

與人交往時不要老是把話藏在心中，否則別人永遠無法了解你的內心世界或真實才華。所以，坦誠出自己的看法與內心的感受，不僅可代表對自己能力的肯定與認同，而且也是讓別人了解我們的最佳時機，並進而建立良好的關係。

開心胸

（四）多讚美別人使受尊重

由馬斯洛的需求論得知，人有自尊需求的渴望，所以每個人都喜歡得到別人的肯定與稱讚。當一個人做對或做好一件事時，誠心地去讚美與鼓勵他（她），對方除了覺得有成就感之外，還會感受到被尊重、尊敬與關懷，自然容易親近你、喜歡你。

多讚美

GOOD
JOB

（五）理直但氣不一定要壯

人與人會相處在一起，實在是一種很特殊的因緣，所以平常要如何惜福感恩、互相包容，真的是人與人間相處時要學的重要課題。當遇到別人有缺

留台階

…很前衛的畫吼！

失或互相爭執時，能以委婉的方式，在私下場合互相規勸提醒。縱使自己有理，也大可不必當面撕破臉或給人難堪，理直氣不一定要壯，記住：「有話好商量」、「得饒人處且饒人」，相信人際關係會越來越好，彼此的溝通互動，也會比較順暢，事情容易圓滿解決。

（六）培養幽默感

幽默是一種出乎對方意料之外的答案，不但可讓人會心一笑，無傷大雅，而且可以化解尷尬嚴肅的氣氛。所以幽默是人際關係的潤滑劑。青少年與人相處時，該嚴肅時要嚴肅，該幽默時且幽默，讓生活自然一點。

幽默感

如果娶到一位好太太，
那麼你很幸福；
如果你娶到一位壞太太，
你會變成一個哲學家。
by 蘇格拉底

（七）積極的傾聽

平常多練習聆聽別人的說話，以了解別人話中的意義，體會出別人當時的心情，才能給對方做出適當的回饋與反應。避免會錯意而傷了和氣，俗語說：「話不投機半句多」，這就是告訴我們用「心」去聽的道理。

多傾聽

（八）要有同理心

所謂「同理心」，就是感同身受之意。換句話說，就是站在對方的立場，以對方的心情來體會。平常處理事情時，人們都比較本位主義，只站在自己的立場想，如果也能退到對方的立場看一看，就比較能和對方愉快的溝通。

同理心

現代的醫學，對精神疾病的研究已有很大進步，將腦部病變、情感的障礙和適應上的困難等，都包括在精神疾病的範圍。

藉著對心理學的認識，可以讓我們對精神疾病的現象更加了解。

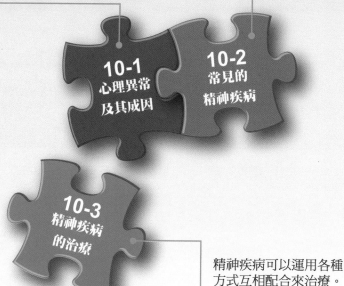

10-1
心理異常
及其成因

10-2
常見的
精神疾病

10-3
精神疾病
的治療

精神疾病可以運用各種方式互相配合來治療。

CHAPTER

10

精神疾病

我國古代的醫學典籍中，已經有提到「狂」、「癲」兩種精神病症現象的敘述。

10-1 心理異常及其成因

現代的醫學，對精神疾病的研究已有很大進步，將腦部病變、情感的障礙和適應上的困難等，都包括在精神疾病的範圍。

我國古代的醫學典籍中，已經有提到「狂」、「癲」兩種精神病症現象的敘述。而在人類早先的歷史中，曾認為精神異常是超自然的力量所造成，是上天的懲罰或邪靈附身，也曾經用施咒、驅魔儀式、鞭打等方式來治療，甚至火刑殺害。到了十八、十九世紀，因為人道主義的宣揚，精神病患才由禁錮中，逐漸獲得解放和較多的照顧。其後由於心理學和精神病理學的發展，才形成了精神疾病的具體概念。

精神疾病和其他身體疾病的道理是相同的，但是不少人仍對精神疾病存有誤解，並且認為罹病是羞恥的事，往往因此而延誤治療時機。現代的醫學，對精神疾病的研究已有很大進步，對精神疾病的了解，也擺脫了過去「瘋狂」的看法，將腦部病變、情感的障礙和適應上的困難等，都包括在精神疾病的範圍。

補充

什麼樣才算是健康呢？
世界衛生組織（W.H.O.）對「健康」所下的定義為：「健康是身體、心理和社會三方面都處於幸福圓滿的狀態中，並不只是沒有生病或不虛弱而已」。
這個定義讓我們深入思考健康的概念，只是身體不生病不能夠算是很健康，心理狀態以及良好的社會環境同樣重要。

一、異常的成因

關於精神疾病（psychological disorder）或心理異常（abnormal）成因，有以下不同的解釋：

（一）腦部疾病

精神異常是否和身體的疾病一樣，是腦部的病變所造成的呢？這種觀點隨著儀器的進步和醫學研究成果的累積，已逐漸能證明，許多精神疾病，和腦部某些部位的異常變化，或者是腦細胞的神經傳導物質分泌異常有所關聯。雖然目前仍無法知道疾病發生的確切原因，但希望將來的科學研究可以有更多解答。

（二）心理衝突

佛洛伊德在「歇斯底里症」（hysteria）病患治療的過程中，發現患者內心有很強烈的渴望或是衝動，但這些在現實生活中是不可能達成、無法面對，或被社會規範所禁止的。於是患者就壓抑這些渴望及衝動，心理衝突因此產生。佛洛伊德認為這些被壓抑的慾望及衝動，是精神異常產生的原因。

以心理衝突轉化成為身體症狀，也就是轉化症（conversion-disorder）的例子來說明。假設某人目擊災難的現場，對於殘酷的畫面難以忍受，事後可能由於內心有強烈的痛苦，因而出現感覺看不到東西，似乎失去視覺的特殊反應。

（三）不良認知

不良認知是指人在看待自己及事情時，慣性地使用相同的、僵化的思考方式，這些方式大多是缺乏根據、自我挫敗，或過度誇大的負面想法，例如：把遭遇失敗解釋為自身人格的缺陷、認為逆境是永遠不可能改變的、犯錯是不可挽回的事、被批評就不斷地自責、經常擔憂眼前的小麻煩將會演變

補充

腦部病變的例子：
有種名為「威爾森氏症」（Wilson's Disease）的疾病，病因是患者體內銅離子的代謝異常，因此銅會在身體中沉澱堆積，除了身體器官，銅也會沉澱在腦中，造成腦部病變，並且出現精神疾病。

思覺失調症發生的原因則和腦細胞的神經傳導物質分泌異常有關。

成不可收拾的大災禍等。不良認知會讓人十分的焦慮不安或是陷入沮喪憂鬱的情緒中，引起焦慮症（anxiety disorder）或憂鬱症（depression）等精神疾病。

（四）行為學習

行為學習學派的理論，認為異常的行為是學習得來的。比如第四章中所提到的恐懼反應，幼兒把毛茸茸的物品和可怕的雷聲聯結在一起，因而學到了對有毛動物的莫名恐懼，就是一種恐懼症（phobia）；或者小孩常見到父親每每失意時，就借酒澆愁，可能會學習「喝酒可以用來面對挫敗的心情」的不當行為反應。

（五）體質——壓力模式

環境壓力和精神疾病的發生有很多關係，但是在相同的壓力下，為何有些人會生病，有些卻不會呢？體質——壓力模式的解釋是：人們的體質上原本有潛在的某些特質，假如生活環境中遇到大的壓力，或是一連串的打擊，先天體質加上後來的壓力因素就會導致生病，產生適應障礙症（adjustment disorder）。

（六）生物、心理與社會模式

生物、心理與社會模式把體質、遺傳、腦部變化、心理衝突、思考方式、社會環境壓力等一起做解釋，認為這些因素對精神疾病的發生都具有一定程度的影響。生物、心理與社會模式強調的是對疾病全面性的了解，是個統合性的觀點。

補充

精神疾病常被誤解，使用異常、發瘋、變態、中邪等偏見詞語來解釋。

「變態」原意是指偏離常態，而「發瘋」是含糊的用詞，兩者也被用來罵人；「中邪」是以神秘的眼光看待精神上的異常。

「心理異常」和「精神疾病」，則是從心理學和醫學的觀點而來的名詞。

二、異常的意義及標籤效應

怎樣算是「異常」？很難有完善的定義；異常有程度之別，所指的情況也不一。

（一）異常的意義

比方說「異常」聰明是好的形容，而人格「異常」卻是負面的，「異常」辛苦則是指很辛苦，和正常與否無干，因此「異常」是個概念，不是定型的，更不該是偏見。

在統計學上，異常是與一般的平均值偏離太遠，位於分布曲線兩端的範圍；對個人的經驗來說，倘若情緒困擾，在他主觀的感受上超乎尋常的痛苦，也算是異常的情況。此外，一個人的行為表現，如果不合乎當時的社會環境、文化背景，難以被接受，就會被視為異常。要認定異常，應該考慮不同層面的問題，才不致過於武斷。

（二）標籤效應

一個人被認定為異常之後，如同被貼上固定的標籤，以預先設定的刻板印象看待，而這些刻板印象大多是負面的，即使當他如同常人表現的時候，也會被視為異常，這稱為「標籤效應」（labelling effect）。標籤效應是一種刻板印象，當一個人被認定某種特色後，如同被貼上固定的標籤，而被標籤的個人，也有可能因而表現出被預期的行為。

由於對精神異常的偏見存在已久，精神病患仍常遭受到不公平的負面烙印。藉著對心理學的認識，可以讓我們對精神疾病的現象更加了解，抱持客觀與正確的態度，不會被害怕或排斥的心態所阻礙。

補充

可能用來標示行為「異常」的七個標準：
1. 苦惱或失能（distress or disability）
2. 不良適應（maladaptiveness）
3. 不合理的言行（irrationality）
4. 不可預測性（unpredictability）
5. 不符習俗與統計的稀少性（unconventionality and statistical rarity）
6. 觀察者的不舒適（observer discomfort）
7. 違反道德和理想的準則（violation of moral and ideal standards）
（游恆山譯(b)，2014，p.414）

精神疾病、心理異常或心理問題等用詞的意思不同，所指的範圍也有重疊。

10-2 常見的精神疾病

藉著對心理學的認識，可以讓我們對精神疾病的現象更加了解。

精神疾病、心理異常或心理問題等用詞的意思並不相同，所指的範圍也有重疊。為了方便說明，以下不特別予以區分。

一、適應障礙

適應障礙（adjustment disorder）是很常見的，原因是面對壓力事件的衝擊或環境時無法適當因應，而出現一時的情緒或行為方面的障礙現象。病人所遭受的壓力事件可能是單一的，例如：離婚、失業、生病等；也可能是多重的，例如：生病又破產、離婚又受傷。

病人在事件發生前一切如常，通常是在事件發生後的一個月內開始出現症狀，症狀在壓力解除後跟著消失；即使壓力事件持續存在，病人應會於逐漸調適後症狀消除，所以其病程持續的時間不會很久，一般而言應不至於超過 6 個月。

二、物質成癮及物質濫用

香菸、酒精、檳榔、強力膠、大麻、幻覺劑、安非他命、K 他命、安眠藥、海洛因、嗎啡、古柯

補充

由美國精神醫學會所開發的《心理疾患診斷與統計手冊》
（*Diagnostic and Statistical Manual of Mental Disorder*，簡稱 DSM）已修訂至第五版，DSM-5
已於 2013 年 5 月 18 日在美國出版。
本手冊對超過 200 種的心理疾患進行分類、界定、描述，有興趣的讀者可以進一步參考。

鹼等，會對中樞神經系統產生作用，並很快使人產生依賴性，這些稱為成癮物質。成癮物質並非全是非法的禁藥，當中有些是醫療藥品，但被不當的使用（如安眠藥、嗎啡），有些在生活中隨處可見（如香菸、酒精、檳榔、強力膠），但因為人們不了解它們的傷害性而經常使用。

DSM-IV 沒有用成癮這個詞，而是以物質濫用（substance abuse）與物質依賴（substance dependence）來描述成癮的狀態與疾病觀點。依賴性的現象，包括使用量增加、需要越來越多才覺得有作用、中斷不用會出現身體、情緒的症狀等。

明明知道成癮物質會對自己發生不良的後果，可是仍然去使用它，叫做「物質濫用」。

「物質成癮」是指已經產生依賴性，不得不繼續使用，並且生活的各個層面，例如：學業、工作、人際關係、家庭等，皆會受到影響而出現障礙。

成癮的過程，起始於嘗試藥物的行為，有些人誤以為偶而使用並不會上癮，一切在自己的掌控中，但事實上成癮性強的物質，只要使用幾次就足以上癮，只是並沒有自覺而已。在使用一段時間後，即使想要選擇不使用藥物，也會變得無法控制了。通常在國、高中階段，為了減少情緒的苦悶，青少年可能仿效成人的行為，或受同儕的影響而使用成癮物質；學習抽菸、喝酒，再轉而使用大麻、安非他命、幻覺劑等，藥物濫用成癮後，逐漸出現情緒不穩、學校適應困難、偏差行為及法律問題。此外，成癮物質還會讓人產生幻覺，以及造成其他精神疾病。

補充

成癮是生理現象，也是病理現象；是個人的健康問題，也是家庭與整個社會的問題；同時牽涉到司法與經濟的問題。

藥物濫用與成癮是目前臺灣社會所面臨的重大議題，國家在教育、醫療與司法在體系上所投入的經費，所費不貲。

臺灣成癮科學學會於2008年成立，作為各界人士溝通的平臺，並更有效地推動成癮問題的防治工作。

（參考：http://www.tsas.org.tw）

三、憂鬱症

憂鬱或悲傷的感覺是人生必然的經驗，當面臨重大事情、失去所愛的人、人際關係破裂、重大的失意或挫折時，大多數的人都會覺得憂鬱。然而這種情緒反應，對當時的情境來說是正常的，而且大多只持續一段時間就會消失。

但憂鬱症（depression）並不只是暫時的悲傷，除了情緒憂鬱，還會體力下降、睡眠變差、思考變慢、對事情失去興趣、生活作息大受影響。想法會變得悲觀，常自責或有罪惡感，認為是自己不夠努力才會造成這種狀況，甚至是脫離現實的想法，例如：認定自己做了壞事而應受處罰，或堅信已經患了不治的絕症等。憂鬱症患者常會有厭世的念頭以及自殺的行動。

完美主義者，總是給自己或別人訂下一個非常高的標準，事事求完美而缺乏彈性，因此常會有挫敗感的人，容易發生憂鬱。壓力事件如慢性疾病、遭遇失敗、人際關係不良、財務問題，或是生命歷程中的重大改變（比如退休），也會引發憂鬱症。

補充

在憂鬱症的認知探討方面，有兩種理論：

Aaron Beck
認知心向理論
Beck 認為憂鬱的人擁有三種負面認知：
1. 對自己的負面觀點。
2. 對進行中經驗的負面觀點。
3. 對未來的負面觀點。
他稱此為憂慮的認知三部曲。

Martin Seligman
解釋風格模式
Seligman 認為：人們是否相信自己有能力控制未來的結果，這樣的信念非常重要。
憂鬱的人可能就是認為到自己對壓力來源無能為力，所以就停止抗爭、放棄努力。

（游恆山譯(b)，2014）

四、雙極性情感型精神病

情感性疾病（mood disorder）是一種情緒障礙，例如：重鬱病，或憂鬱與躁症交替出現。雙極性疾患（bipolar disorder）的特徵即是發生重度憂鬱（severe depression）與躁症發作（manic episodes）交替出現的病症，又叫做躁鬱症。

憂鬱

躁鬱症患者的情緒，會變得過度愉悅或易怒，出現體力旺盛、睡眠減少、行為輕率、思想誇大、興趣增加等症狀。也可能會有情緒低潮期（鬱期）及高亢期（躁期）出現交替的情形。

五、思覺失調症

思覺失調症（schizophrenia）常在青少年時期發生，患者會出現思考和感覺方面的症狀，例如：耳邊聽到同學、家人，或鬼神說話的聲音，看到恐怖、奇異的影像等幻覺；或者覺得有人不懷好意地注意他，甚至跟蹤他、想害他等缺乏事實根據的妄想。患者的情緒會不平穩，或是變得冷漠、多疑。行為方面變得古怪，生活封閉，與人群疏離。

思覺失調症以前被稱為「精神分裂症」聽起來很可怕而讓人誤解，但隨著醫學進步，已發現可能的病因，並且能用藥物有效地治療，患者能恢復平穩的生活。但如果發病後不就醫，患者的症狀將更嚴重，能力退化，影響到學習、人際關係的發展。思覺失調症是腦部的疾病，但常被歸咎於心理困擾、壓力過大、冒犯神明等其他起因，耽誤了治療。

六、焦慮症

　　焦慮是應對生活環境的一種情緒反應，適當的焦慮會促使人積極、設法解決困難，但過度的焦慮反而會讓人注意力無法集中、做事效率下降、身體不適。焦慮程度太強，持續過久，則可能是焦慮症（anxiety disorder）。忐忑不安、杞人憂天、心急如焚等，可以說是焦慮症患者的心情寫照。

　　焦慮症患者的擔憂，常超出實際生活的需要，或者過度高估風險，或是求好心切而老是事情做不完。患者常有心慌不安、失眠，身體方面也會有胸悶、呼吸困難、頭痛、腹瀉、發抖等情形。焦慮症當中有一種病症，患者會覺得腦中反覆出現某些無法控制的念頭、衝動，或是有不停重複地洗手、檢查物品等行為，稱為強迫症。

焦慮症

恐懼感　　　　　　　窒息感

發抖　　　　　　　　心跳快速

感覺快昏倒　　　　　腿部發軟、無力

七、飲食障礙症

飲食障礙症（eating disorders）包括厭食症（anorexia nervosa）和暴食症（bulimia nervosa），是飲食行為出現異常的疾病，在青少年很常見。

厭食症患者會非常在意自己的身材、體重，曲解正常健康的體型，一直認為自己太胖而努力節食，或只吃某些特定的食物，並且採取激烈的健身運動，或使用吃減肥藥、瀉藥等方式，來保持自己認定的理想體重，常因此而營養不良或甚至死亡。

暴食症患者常會有莫名的衝動，無法自制的大量進食，之後又會對自己的暴食行為有罪惡感，情緒沮喪，常設法自己引起嘔吐或使用瀉劑，造成消化道的傷害。和厭食症類似，暴食症患者也會十分在意自己的體重和身體形象。

飲食障礙症的原因，可能是現代社會太標榜苗條身材、醜化肥胖，媒體也再三的強調節食、減肥等，使人不自覺地以飲食控制來達成社會期望的理想形像。另外，成長過程中，家庭的親子溝通缺乏彈性、父母管教太嚴格、過度干涉、期望過高等壓力，造成子女自信心低落，無法自我肯定，也是重要的因素。

藥物並非只讓服用的人更糟，心理治療也不是神秘兮兮的談話。

10-3 精神疾病的治療

精神疾病可以運用各種方式互相配合來治療。

人類生活水準在近百年來有巨幅的提升，對心理苦悶的解除與心靈成長的需要也更覺迫切。不論是遭受心理困擾或是精神疾病，人們很渴望能有方式，獲得平靜安適的心情，清楚地了解與接納自我，發揮潛能及自我實現。

以下是精神疾病或情緒困擾常用的治療方式，各有其適用的情況，或是可以互相配合來治療。

一、藥物治療

治療精神疾病藥物的出現，使精神病患的情況有很大的改善。由於許多精神疾病和腦內傳導物質分泌異常有關，也產生了強調藥物為主的治療趨向 —— 藥物治療（drug therapy）。新一代研發改良的藥物，比以前更安全、有效，副作用也較少。

二、精神分析治療和其他心理治療學派

精神分析治療（psychoanalytic therapy）是佛洛伊德創立的，他讓患者利用自由聯想、解讀夢的內容等方式，分析患者內在的衝突，使患者覺察到內心被壓抑的慾望及衝動，了解自己的心理困擾，

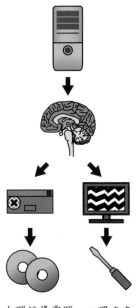

大腦就像電腦，心理疾病的發生，可能是大腦的硬體設備發生問題，也可能是大腦的軟體程式發生問題。

得到調和與滿足。

　　心理治療後來產生許多學派，追隨者保留了佛洛伊德的許多基本概念，但也修改了一些原理，創立了許多不同的理論與治療方式，或可稱為新佛洛依德學說，重要學者包括：阿德勒（Alfred Adler，1870 ～ 1937）、容格（Carl G. Jung，1875 ～ 1961）、杭妮（Karen Horney，1885 ～ 1952）、弗洛姆（Erich Fromm，1900 ～ 1980）、艾利克森（Erik Erikson，1902 ～ 1979）。

　　除了一對一的個別治療以外，心理治療也可以用團體的方式進行。

佛洛依德的精神分析論 vs. 新佛洛伊德學派的治療

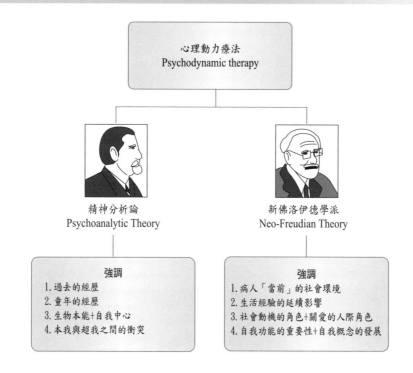

三、行為治療

　　行為治療（behavior therapy）源自學習理論，認為任何不當的行為都是學習而來，所以可藉由再學習的方式來修正行為。並且強調行為的反應

受環境的影響，可經由仔細地觀察人與環境的互動情形，來分析出影響學習的因素。常用的行為治療法包括：系統減敏感法、洪水法、嫌惡療法、思考停止法、角色扮演、模仿學習、生理回饋、肌肉放鬆訓練等。

四、認知治療

認知治療（congnitive therapy）是強調當一個人遇到問題或情緒困擾時，苦惱來源並不是事件本身，而是個人對事情的看法和解釋有偏差，或是與實際狀況不符合。認知治療就是在協助個人重新檢視自己的思考過程，修正不良、僵化的認知，就可以改善情緒的困擾。

五、家庭治療

家庭治療（family therapy ）是指以家庭為單位的治療模式。臨床研究發現，病人問題行為的呈現只是家庭問題的一部分，且在家庭中彼此互為影響，所以認為要把以個人為中心的治療方式，轉向以家庭為整體的治療方式，才能找到真正的問題根源。

有趣的問題

認知指的是一個人對事情的觀點或看法，不同的認知會帶來不同的感受。對於相同的一件事，有的人覺得天塌下來也無所謂，似乎「少根筋」；有的人則會耿耿於懷、煩惱不已。對於自身的觀點，人們常會覺得「我一向就是這樣想」，有趣的是，你有沒有注意到自己的觀點和別人有何不同呢？自己的觀點是怎樣產生的呢？

六、藝術治療

藝術治療又稱藝術心理治療（art psychotherapy），是指將心理治療藉由表現性藝術的形式來達成，例如：繪畫、音樂、舞蹈、陶藝等。因具有非語言溝通的特性，所以對象較為廣泛，即使語言能力不足或無法藉由語言溝通者，皆可參與藝術治療。

藝術的表達是一種創作過程，可以緩和情緒上的衝突，降低防衛的心理，在比較沒有壓力的情況下探索內心的世界。

補充

「表達性藝術治療」
使用藝術、音樂、舞蹈、戲劇、詩/寫作、遊戲、沙遊等來做的心理治療。

參考做法

發現彼此觀點差別竟然會很大，是件有趣的事情。

將一群人分組（分開），利用相同的一張圖片，讓他們做描述，可以是具有情節或不是很明確的內容，也可以用說故事的方式。進行時，每組請其中幾位先說出他認為發生什麼事，並且使用與情緒有關的字眼來形容他有什麼感覺，而後再分別解釋為何他會認為是這樣（他為何這樣想）。並安排其他幾位作記錄。

接下來將所有人集合起來，由記錄者忠實的陳述各組的觀點。重點是要讓這群人注意到不同之處，以及一個人的觀點和理由（認知），是如何地影響到他對事情的感受。

有了健康的心理才能發揮自我潛能達成個人的目標與理想。

了解與探索自我是很重要也是很困難的一項作業，若能增進對自己的了解，對於生活各層面的因應，都會具有正面的影響。

心理健康首重「預防」的功夫，個人可以主動培養良好的自我概念，以促進心理健康。

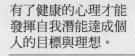

11-1
心理衛生的意義

11-2
自我概念與心理健康（一）

11-5
對壓力的反應與調適

11-3
自我概念與心理健康（二）

11-4
壓力及其來源

當身體發出警訊的時候，正是在提醒我們要檢查一下壓力是不是過多了？

每個人都有大大小小的壓力，可能來自於家庭、工作、課業、競爭等，壓力調適已成為現代人不可或缺的一部分。

CHAPTER

11

心理衛生

現代人所承受的心理壓力越來越大，所面臨心理問題也越來越多，心理健康成為現代社會相當關切的課題。

11-1 心理衛生的意義

有了健康的心理才能發揮自我潛能達成個人的目標與理想。

 一、什麼是心理衛生

「心理衛生」（mental hygiene）是一門應用科學，其目的在於探討如何應用行為科學理論及方法，以維護與增進個人心理健康。由此定義可知，心理衛生是研究個體心理健康的一門學科，也是維護和增進心理健康的一種服務工作。

「心理衛生」一詞，是指個人維持心理健康的活動過程與狀態；更進一步說，消極定義是指沒有心理疾病或行為偏差；積極定義則是指身體上、心理上和社會關係上保持最好的狀態。因此「心理衛生」不僅僅是沒有任何心理疾病而已，必須要在生理、心理及社會環境等三方面，經常維持最佳的恆定狀態。近年來心理學領域新興的學門「健康心理學」（health psychology），實際上與「心理衛生」同義。

 二、心理健康的重要性

提倡心理健康的目的，主要是在預防心理疾病，並促進心理健康。而怎麼樣的人才算是心理健康呢？要回答這個問題不是很容易，因為學者有很

生理、心理及社會環境等三方面，經常維持最佳的恆定狀態，才是真正的「健康」。

多不同的看法，其中有學者認為「心理健康是指個人能夠良好地適應其環境。」柯永河教授（1989）定義為：「良好習慣多，不良習慣少的心態謂之健康；不良習慣多，良好習慣少的心態謂之不健康。」心理健康不僅影響個人的快樂與幸福，更會影響到整個社會的安寧與福祉，以及國家的繁榮與進步。

　　打開報紙或電視，有時會看到有些心理異常的人，做出傷害他人或嚇人的舉動，例如：對人潑硫酸、縱火、暴露性器官等。至於較嚴重的精神病患，則需要接受長期治療，消耗龐大的社會資源。所以世界各國都在致力於如何促進國民的心理健康，其重要性可以從下列四方面加以了解：

（一）心理疾病的預防性

　　有些心理疾病是後天的生活環境中學習產生的，所以在成長過程中，若能養成健全的人格，將可以減少心理疾病的產生。因此，心理疾病是可以預防的；也就是說，只要做好心理健康的工作，心理疾病發生的機率就會減少。

（二）心理疾病的普遍性

　　由於社會步調的快速改變，出現了激烈的競爭，使得人們工作壓力增加，家庭結構改變，人際關係疏離及人情淡薄；又由於在物質上過度追求，造成精神及心靈空虛，使得心理疾病有越來越多的趨勢。根據一些流行病學的研究資料顯示，臺灣地區十八歲以上的人口中，約有 15% 至 20% 的人，有各種精神疾病而需要醫療服務，這是相當可觀的數字（吳武典、洪有義，1988）。

補充

2014 年 5 月 21 日，臺北捷運一起隨機殺人事件，造成全國恐慌。

下午時間 4 點左右，一名 21 歲的大學生在捷運板南線車箱內，於龍山寺站—江子翠站之間約 4 分鐘的行車時間裡，以事先準備好的水果刀冷酷殺人，造成 4 死 22 傷的慘劇！

兇手在警方偵訊時表示「從小就立下個志願，要轟轟烈烈殺一群人，然後被判死刑也沒關係⋯⋯」

兇手父母則稱，兒子平常愛「宅」在家玩殺人電玩⋯⋯

校方也表示，在前一個月曾接獲警告該名學生的反社會言論，並曾對他進行諮商。沒想到悲劇還是發生了。

（三）心理疾病影響個人潛能的發展

　　有心理疾病的人，容易對別人起疑心或偏見，缺乏自信，甚至有自貶的現象，並且常用自我防衛機轉來維護自尊與消除威脅或不安。這樣的過度防衛，將使個體脫離現實，甚至無法正常工作，如此一來將使其潛能無法發揮得淋漓盡致，豈不是辜負「天生我材必有用」。

（四）心理疾病對社會的影響

　　如前所述，有些患有心理疾病的人，無法正常工作，不但增加家庭經濟負擔，影響家庭生活，甚至對社會有可能是一顆不定時炸彈，何時會爆發而傷害別人，真的是無法預知。所以，較嚴重的心理疾病患者除了對社會安寧構成威脅，甚至也會造成國家負擔龐大的醫療資源。

三、心理健康的標準

　　雖然「心理健康」的標準很難界定，也很難從外表判定一個人是否心理健康。但是大部分的心理

情緒的表情是否普遍一致呢？

根據臉部表情的研究學者 Paul Ekman 的說法，所有人在「臉部語言」上都有共通之處。

 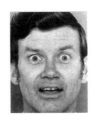 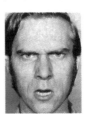 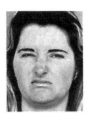

快樂　　　　　驚奇　　　　　憤怒　　　　　厭惡

學者多主張以個人行為的適應情況，以及有無某種心理疾病，作為衡量的依據。所以，心理健康者具有下列的特徵：

（一）了解自己並接納自己

從發展心理學的觀點而言，每個人都應該依據自己的「自我概念」來表現自己最合適的行為。因此健康的人對自己有適當了解，而且能接納自己，願意努力發展潛能，對於無法補救的缺陷，也能欣然接納，不做無謂的怨尤。

（二）有工作而且樂於工作

健康的人可以透過工作，將其中的智慧與能力表現出來，以獲得成就及工作效率；從工作中獲得滿足，所以，他會樂於工作。

（三）有朋友且樂於與人交往

一個受人喜歡或喜歡別人的人，常能感受到與他人接觸時的那種滿足與愉快的經驗，所以樂於接近他人，比較會信任與尊敬別人。反之，心理不健康的人，比較討厭與人交往，常持有忌妒心、懷疑

補充

心理學家馬斯洛（A.H. Maslow）認為健康的人應具備以下特質：
1. 對現實有效認知。
2. 自動自發。
3. 能悅納自己、他人及自然。
4. 在感情上能保持獨立，有自己的私生活。
5. 有基本哲學與道德原則，不盲目附從。
6. 對生活經常有新感受，有廣闊的生活領域。
7. 深摯有選擇性的社會關係。
8. 具有真正的民主態度，創造性的觀念和幽默感。
9. 能承受歡樂與憂傷。
（朱敬先著，2003，p.90）

（引用：游恆山譯(b)，2014，p.342）

恐懼

哀傷

輕視

心、仇視心，因而易孤立自己而交不到朋友。

（四）能和現實環境有良好的接觸

人在出生後就在環境中生活，必須運用其感覺、知覺功能和累積經驗，與環境產生良好的互動及有效的適應。若遇到困難或問題要以確實有效的方法謀求解決，不企圖逃避現實，才是心理健康者。

（五）有良好的情緒管理與控制

心理健康的人能做情緒的主人，不為情緒所左右。當面對憤怒、悲傷、恐懼等負面情緒時，能妥適地處理。諾貝爾和平獎得主達賴喇嘛（1999）曾說過：「只有你自己培養的耐心與寬容心，才能讓你免於受到這些負面情緒的干擾。」因此，在日常生活中，只要有耐心與寬容心，縱使生活帶來許多的困難，日子是那麼地緊繃，通常都能讓我們保持心境的平和，不會被惡劣的環境所左右，自然就會有優質的情緒。

有趣的問題

想一想，身邊的人有沒有誰看起來常常都很愉快，處理事情也都從容有餘，就心理健康的標準而言，這些人可能是符合什麼項目？又是如何做到的？

【參考方向】
此問題主要是希望讓學生思考周遭是否有符合心理健康標準的人，藉由楷模的表現，深思並汲取他人的經驗，修正自己的不足之處，強化自己的優點

所謂「自我概念」，是指個體對自己本身的行為、能力的一種主觀認識。

11-2 自我概念與心理健康（一）

了解與探索自我是很重要也是很困難的一項作業，若能增進對自己的了解，對於生活各層面的因應，都會具有正面的影響。

一、自我概念的意義

所謂「自我概念」（self-concept），是指個體對自己本身的行為、能力以及價值觀的一種主觀認識。換句話說，自我概念就是自己對自己的看法與感受。通常自我概念是如影隨形的跟著我們，而且是長時期地影響我們的行為及對生活的滿意度。

對自我有正向看法的人，在各種情境中會表現得較有效率。例如：比較能與他人維持良好的關係，良好的社會適應，對自己的能力較易掌握，也能夠滿意自己的生活現狀；反之，對自我持有負面看法的人，比較不會放開心胸，較不敢嘗試新經驗，因為他們預期這些嘗試只會得到失敗的結果。

所以這些具有負面看法的人比起那些持正向看法的人，經由研究發現，大都比較退縮、易焦慮、自責、易自卑，甚至出現一些不良的適應狀況。因此，在心理學上相當強調自我了解，並且適時適當地調整自我，培養正向積極的自我概念。

補充

我們會認為自己是討人喜歡的、溫和的、善解人意的；會認為自己是膽小的、不夠積極的、能力不好的……
像這些對自己的描述，就是自我概念的內涵。

二、「我」的層面

一般而言，我們是多面貌的，所扮演的社會角

色是多重的，你是某校的「學生」，也是父母親的「子女」，也是「社區的一份子」……那麼多的「我」，彼此有沒有什麼不同？心理學的看法也蠻多樣的，在此我們將討論以下兩種看法：

（一）第一種分類方式：理想我、社會我、真實我

「理想我」（ideal self），是指個人希望自己成為什麼樣的人，是一種理想的形象，例如：希望成為受大家喜歡的人；希望自己可以面面俱到；希望自己細心一點。

「社會我」（social self），是指個人想像他人眼中的自己，例如：某生認為自己在別人眼中是樂於助人的人。

哪一個才是「我」？

「真實我」（acture self），是指個人在現實生活中的樣貌，例如：外表、個性、思考、能力等。

如果「理想我」和「真實我」之間的差距過大，則個人容易有負面想法，無法接納自己；若「社會我」和「真實我」之間的差距過大，則會有不被別人了解的感覺。因此，為求得良好的適應，個人應該常常調適三個部分的自我，勇於接納自己、發揮自己，對自己有適當的自我期望，讓三者儘量保持一致。

（二）第二種分類方式：公開的我、隱私的我、別人眼中的我、潛在的我

「公開的我」是關於自己最表層的部分，即自己知道，別人也知道的部分，例如：姓名、性別、就讀科系等。

「隱私的我」是個人藏在心中，屬於自我概念的一部分，也就是別人不了解，自己卻很明白的部分，例如：某生在心中暗自訂定目標，希望成為一名作家。

「別人眼中的我」是周遭的人對自己的看法、觀感，這個部分是別人清楚，自己卻不知道的部分，例如：有人喜歡在夜深人靜的時候將音響開得很大，鄰居們常感到憤怒，不喜歡這個人，然而此人也渾然不知自己在鄰居們心中的印象及給他的評價。

「潛在的我」是別人不了解，自己也不知道的部分，這個部分可以透過不斷地探索自己或使用評量工具（如心理測驗），來開發未知的部分。因此，

補充

美國心理學家詹姆斯（William James，1842~1910），他認為自我是由三部份組成：
1. 物質我（material me）：也就是肉體的自我，例如：周遭的衣物、房屋、家庭、財產等。
2. 社會我（social me）：也就是他人如何看待的我，例如：聲譽等。
3. 精神我（spiritual me）：也就是監視內心思想和情感的我，包括意識狀態、態度、氣質等。
詹姆斯關於自我的立論，奠定了現代討論自我觀念的基礎。

我們要維持並增進自己的心理健康，就需要將潛在的部分開發出來，以增加對自己的了解，並發揮更多的潛能。

三、影響自我概念發展的因素

一個人的自我概念是經由與他人互動而發展形成的，並非與生俱來。小孩子從別人對待他們的方式逐漸學會如何看待自己。由於多數小孩最早接觸的對象是父母，所以，父母或主要照顧者對小孩的自我概念最具影響力，其他在個人成長中，像兄弟姊妹、朋友、師長或宗教領袖等，亦對其自我概念有所影響。

（一）早期的生活經驗

當我們還小的時候，對「自己」的看法其實非常模糊。因此，這個時候生活中的經驗，對我們的影響就變得非常重要，尤其是一些重要人物的影響。人本心理學家羅吉斯認為，親子之間不同的互動型態會影響小孩子的自我概念。

如果父母對子女常表達愛與接納，例如：常給予擁抱、讚美，比較容易讓孩子產生正面的看法，會覺得自己是有價值的、值得被愛的。如果父母常以指責、批評或疏離的方式對待孩子，則容易造成孩子對自己產生負面的看法。

（二）社會文化

雖然每一位父母都有一套如何對待孩子的想法，但是在與子女的互動過程中，免不了會受到當

補充

爸爸認為男孩子不可以哭、不可以說「害怕」；卻在妹妹跌倒大哭時，安撫她、讓她盡情地發洩。

這個男孩逐漸的認為男生不可以表現出軟弱的一面……

於是，在這樣的親子互動中，小男孩的自我概念便受到了影響。

時所處社會文化或期待的影響。例如：在傳統的中國文化中，有「重男輕女」的現象，期望男生有高一點的成就，因此常給予男生較多的重視與鼓勵。相反的，女生則被期望扮演一種配合的角色，因此所賦予的期望較低，鼓勵也較少。這種文化本身對性別不同的期待，自然導致個人因性別的不同而影響其自我概念的發展。

（三）其他因素

在成長過程中，除了父母或主要照顧者對我們的影響外，其他像同輩團體、師長或宗教領袖等，亦扮演相當重要的角色，會對自我概念造成一些影響。如果被重要他人接納或尊重，就容易對自我概念產生正面的影響；反之，則會對自我概念產生負面影響。

我們怎麼看待自己，會深深地影響本身的行為表現。

11-3 自我概念與心理健康（二）

心理健康首重「預防」的功夫，個人可以主動培養良好的自我概念，以促進心理健康。

希臘神話中塞普勒斯國王「皮格馬利翁」，他用象牙雕刻了一座他心中理想的完美女性。他每天對著雕像說話，久而久之，竟愛上了自己的作品，並祈求愛神賜予雕像生命。愛神為他的真誠所感動，就使雕像活了起來，皮格馬利翁也如願以償娶她為妻。於是後人就把由期望而產生實際效果的現象叫做「皮格馬利翁效應」（(Pygmalion Effect)。

一、自我概念對個人的影響

由此可知，我們的為人處事都和自我概念有密切的關係，我們怎麼看待自己，這會深深地影響到本身的行為表現。在此列舉幾項行為加以闡述。

（一）學業表現

經常抱持自己會失敗，與成功總是無緣的人，不論實際的能力為何，課業表現常常是不理想的。一旦認為自己不好，便注定失敗，對唸書、寫作業、參與課堂活動的動機就會降低；而且一再地用失敗來證明自己不好，說服自己「我是不好的」，結果就引來更多的挫折，感受也更差，產生惡性循環。

心理學家證實，透過適當的訓練與心理諮商，

補充

美國心理學家羅森塔爾（Robert Rosenthal）與雅各布森（Lenore Jacobson）在國小教學上，對皮格馬利翁效應做了更多的研究，結果發現：如果老師對學生的期望加強，學生的表現也會相對加強。

因為羅森塔爾對皮格馬利翁效應做出驗證，因此又被稱為「羅森塔爾效應」、「期待效應」。

可以讓經常抱持失敗及自我破壞傾向的人，得以體驗成功的感受，並且逐漸改善學習的動機，相信自己是有機會變得更好、唸得更順利的。

（二）身體形象

身體形象是指個人對自己身體外貌的看法，包括容貌、身高等。我們對自己身體的評價會影響自我概念，例如：處在公開場合（如聚會、逛街）或是以肢體動作為主的場所（如體育課），對身體形象感到滿意、能接納的人，比較能感到自在，願意與他人互動，不會在意別人的眼光。

（三）身心適應

一個自認為工作能力很強的上班族，或是一個自認為唸書很有一套的學生，在被解僱或死當某些科目時，會因為現實經驗與自我概念之間的差距太大，而產生巨大的壓力，並在身體上或心理上出現不舒服的狀況，如胃痛、頭痛、緊張、焦慮、憂慮等。

因此，良好的適應狀態應是現實經驗與自我概念之間的差距不大；此外，能接納自己，且具有正向的自我評價及較高的自尊感，也會對個人的自我概念有所幫助，進而減少身心上不舒服的機會。

二、促進健全的自我概念之道

心理健康首重「預防」的功夫，個人可以主動培養良好的自我概念，以促進心理健康。

（海報引用自維基百科）

補充

劇作家蕭伯納的舞台劇《賣花女》(Pygmalion) 正是以皮格馬利翁的故事為藍本；1964 年又被改編為電影《窈窕淑女》（My Fair Lady），由奧黛麗赫本主演，大受歡迎。

（一）培養正向思考

常言道「境隨心轉」，個人賦予事物的解釋和看法，雖然不能立即改變現狀，但會深遠地影響個人的處事方式。常常認為自己會唸不通的人，因「看到」自己真的唸不通，進而對自己更加失望；甚至，會預期失敗的出現。反之，培養挫折忍受力，視「吃苦為吃補」，則有助於突破困難、發揮潛能。

（二）了解並悅納自己

探索自己的感覺、思考，有助於加深對自己的認識、了解自我的特質及個性。不論是外貌、能力、家庭、興趣等，都能充分地認識，更進一步地努力於可以調整、改善的部分，也接納無法改變的部分。如此兼顧現實且積極正向的思考，讓我們能增強自我概念及安頓身心。

（三）投入工作、重視休閒生活

工作不僅提供經濟上的回報，也讓我們有價值感，並享受發揮所長的樂趣，如此的回饋有助於維繫自我概念。然而，卻也不宜過於投入工作，忽略休閒生活，使自己成為「工作奴」，最後像台過度耗損的機器，因為缺乏休息、調養而狀況百出。

（四）樂於與他人接觸

大多數的情況下我們是群居的，保持與他人適當的交流，適當地參與家庭、學校、社區的活動，可以幫助自己抒發情緒，滿足被需要及被認同的感覺，提升自我的價值感。例如：參與宗教團體學習為人處事之道，並將之實踐出來，協助需要幫助的人。如此，不僅學習了人際關係的技巧，關心他人的需要，讓自己更圓熟，也增進了自我概念。

工作再忙！
也要喝杯咖啡！

阿嬤！
要不要來去坐摩天輪？

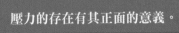

壓力的存在有其正面的意義。

11-4 壓力及其來源

每個人都有大大小小的壓力，可能來自於家庭、工作、課業、競爭等，壓力調適已成為現代人不可或缺的一部分。

　　仔細回想一下，這些話你是否常常聽到：「怎麼辦，來不及了？」、「又要做這個、又要做那個，根本不是人做得來的！」、「我覺得很煩，壓力好大！」……每個人都有大大小小的壓力，可能來自於家庭、工作、課業、時間、交通狀況、競爭等。然而，壓力的存在有其正面的意義，例如：若是沒有想拿到文憑的壓力，學生唸書的動機可能就會下降；如果失去教學的熱忱，老師就不會認真的授課，進而失去教學的樂趣，學生的學習也會受到不好的影響。這樣看來，壓力是個普遍的現象，且對於個人的身心健康有深切的影響。因此，在這一節中，我們將探討壓力對個人的影響以及因應之道。

一、壓力的定義

　　一般而言，「壓力」（stress）是指個人在面對、處理某種刺激或事件（如考試）時，產生壓迫、緊張的感覺；個人受到的刺激或事件，與個人行為反應的相互影響，可能引起生理或心理上不舒服的感覺。刺激事件包括各種內在的狀況（例如：疼痛）和外在狀況（例如噪音），統稱為「壓力源」（stressor）；因此壓力源就是要求個體採取一些適應性的反應的刺激事件；像是搬家、結婚、轉學、考試、親友死亡等事件，都會為個人帶來不同程度的影響。

二、壓力來源

　　常見的壓力源（stressor）可以分為下列幾種：

（一）生活改變

　　在日常生活中，只要身心狀態或周遭事物有任何的改變，即使是計畫外出旅遊、工作上獲得升遷的機會等「喜事」，對個人而言都會破壞原有的平衡狀態，使個人消耗精神、時間、金錢而產生壓力。至於有的人不知不覺間就完成某事，並非沒有產生壓力，只是對個人而言所需要的能量很小罷了（如走路、喝水）。

被公司告知即將升為一級主管，但卻看不到笑容，隱約地只有看到嘆氣、發呆。

　　研究發現，配偶死亡、離婚、親友死亡、結婚、退休等所帶來的壓力較大；而搬家、轉學、睡眠習慣改變、學期的開始或結束等事件所引起的壓力則

較小。若個人在短時間內承受了過多的壓力，就會增加身心失調的機會，甚至導致生病。

（二）災難事件

地震、火災、土石流、爆炸、車禍等災害，對受害者、親友、目擊者，甚至是前來協助的醫療人員、軍警人員都會造成或大或小的壓力。

（三）心理因素

當事件無法依照我們的需求進行，阻礙或干擾達成目的的情境時，或因為無法順利達成目的所引起的不舒服感，稱為「挫折」。例如：正趕著要搭校車上學，卻在已經出門後才發現便當忘了拿，心裡面真是氣得不得了！然而，有時候是因為我們有兩個（或兩個以上）需求卻不能同時滿足所造成的壓力，稱為「衝突」。

常見的有「雙趨衝突」── 同時擁有兩個（或以上）的目標，但是只能夠選擇其中一個的衝突，如魚與熊掌不能兼得的情境即是如此。「雙避衝突」── 在兩個都不喜歡的選擇中，一定要擇一而為之所產生的衝突，如要在放棄玩樂、認真唸書與無法畢業之間做一抉擇。「趨避衝突」── 對於同一事件（或目標）同時有喜歡和不喜歡的感覺，令人不知如何是好，如想邀約隔壁班的某位同學，卻又擔心被拒絕的尷尬。

（四）生理因素

某些生理上的條件，如身高、外貌等是我們無法控制的，個人可能因此而感到不便或不滿意，導

> **補充**
>
> 挫折是一種主觀心理感受，與自己的「抱負水準」有關。
>
> 抱負水準是指一個人對自己所要達到的目標所規定的標準。標準越高，水準越高；標準越低，水準也越低。
>
> 例如：同樣要參加多益考試，A 的目標是 800 分，B 的目標是 600 分，結果兩人都考了 700 分；這對 A 來說會感到挫折，但 B 就覺得滿意。

致壓力產生。有些情況是因為疾病造成的壓力，如傷風感冒、意外受傷、罹患重症等，使得身體原本的功能受損，阻礙正常的活動。

（五）個人對事情的解釋方式

每個人對同一事件可能有不同的看法與解釋，自然會引導出不同的行動策略。正面臨大考的學生，若將之解釋為「無望的」、「成績與自己的努力無關」，就會減少投入的心力，降低唸書的動機；反之，若認為這是「值得拼拼看的」、「我努不努力對成績會有影響的」，則將會激發個人的行動力，朝向目標前進。此外，在處理事情時，面對可能的挫折、不順利而仍然堅持下去的忍受程度，也會影響我們的「抗壓性」及處理方式。

補充

對事情的解釋方式
例如，面對複雜的習題時，告訴自己：「我的數學總是那麼差！這不過又是一個我永遠解不出來的題目！」
或者是：「也許這次我會想出來好方法，我想試試看！」
不同的兩句話，在心理上會產生不一樣的感受與反應。

心理及生理反應，雖然是分別描述之，卻是彼此牽動、相互影響。

11-5 對壓力的反應與調適

當身體發出警訊時，正是在提醒我們要檢查一下壓力是不是過多了？

個體面對壓力時的反應，會由發生在生理、心理（行為、情緒及認知）等不同層面的反應所組成，如下圖所示。我們簡單分由生理及心理兩方面來說明。

壓力的反應模式

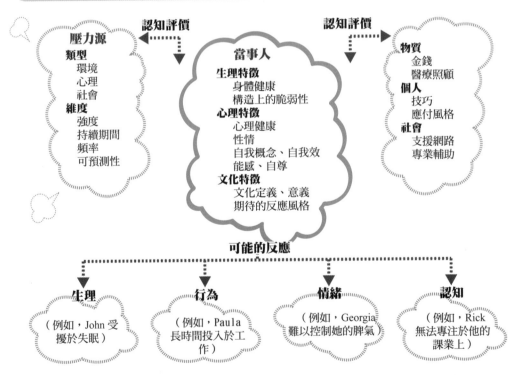

（游恆山譯，心理學，p.352，五南，2014）

一、心理上的影響

經常處於高壓力情境的人，可能會有不安、緊張、焦慮、無助、擔心、沮喪等感覺，甚至會出現憂鬱、恐慌、坐立難安的情況。如此將造成情緒起伏過大（因小考失常而極端沮喪），思考能力下降（因為考試的時候太過於緊張，所以昨天辛苦唸的東西都想不起來了），或採取不健康的壓力因應模式（如說謊、肢體或言語攻擊）。

二、生理上的影響

壓力過大、承受過久時，身體某些系統、器官、組織會出現異常的情況，心理學家稱之為「心因性疾病」或「身心症」。常見的是免疫力下降（如準備大考後感冒）、心臟血管系統受損（高血壓、腦

身體對壓力的反應

皮膚、骨骼肌、大腦及內臟等部位的血管收縮

流汗增多

皮膚及身體毛髮產生「雞皮疙瘩」

腎上腺刺激腎上腺素的分泌、血糖增加、血壓升高、並心跳加速

肛門括約肌緊閉

泌尿器之括約肌緊閉

瞳孔擴大，毛狀肌調整為遠視野

支氣管擴大

心跳加速，心臟收縮強度提高

消化管道減少蠕動

肝臟釋放血糖到血流中

胰臟的分泌減少

消化液的分泌減少

外生殖器的血管擴張

泌尿的膀胱放鬆

中風）、消化系統受損（胃潰瘍）。其他常見的症狀，如背痛、疲勞、失眠、脖子緊繃、反胃、腹瀉或便秘等異常的生理現象。

上述的心理及生理反應，雖然是分別描述之，卻是彼此牽動、相互影響著；畢竟，人體是同時包含生理及心理系統的一個精巧、複雜的生態系統。另外值得注意的是，當上述情況出現時可視為身體所發出的警訊，提醒我們該檢查壓力是不是過多了？如果是的話，就需要一些紓解它的方法了。

三、有效的因應之道

既然壓力無可避免，就需要有良好的因應方法，使生理、心理及日常生活得以維持一定的平衡狀態。

（一）減少不必要的壓力

有時候，因為無法拒絕或不知道如何拒絕別人的請託、因為過於要求完美或沉溺於追求成就感等，使我們背負太大的壓力，疲於奔命。適當地拒

其他網路流傳的快樂的方法

1 保持健康，有健康的身體才有快樂的心情。
2 充分的休息，別透支你的體力。
3 愛你周圍的人並使他們快樂。
4 用出自內心的微笑和人們打招呼，你將得到相同的回報。
5 遺忘令你不快樂的事，原諒令你不快樂的人。
6 真正的去關懷你的親人，朋友，工作和四周細微的事物。
7 每隔一陣子去過一天和你平常不同方式的生活。
8 每天抽出一點時間，讓自己澄心靜慮，使心靈寧靜。

絕別人的要求、不追求凡事完美、不盲目地追求成就感，都可以為自己減少不必要、也負擔不了的壓力。

（二）改變看待事情的方式

積極正面的思考，往往帶來無限的力量，讓我們擁有希望及動力。同樣是面對求職可能會被拒絕的壓力，能有「天生我材必有用」的想法和「越挫越勇」的氣度，相信不難找到能配合自己能力及興趣的工作。

（三）健康的生活習慣與運動

充分的休息與睡眠、適當的休閒活動、適量的飲食、適度的運動，及妥善的生活安排，將可幫助我們對抗壓力。

（四）了解自我

明白自己的能力、興趣、優缺點，誠實地面對它們，不給自己不能承受的壓力。藉由改變目標，或將目標分割成階段性的小目標……等，可使理想與現實得以配合。

9 追求一些新的興趣，但不是強迫自己去培養一種習慣。
10 抓住瞬間的靈感，好好利用，別輕易虛擲。
11 蒐集趣聞、笑話，並與你周圍的人共享。
12 安排一個休假，和能使你快樂的人共度。
13 去看部喜劇片，大笑一場。
14 送自己一份禮物。
15 給心愛的人一個驚喜。

（五）適當的情緒管理

壓力會影響我們的情緒和感覺，因此，情緒管理十分重要。例如：可以透過傾訴表達心中的感受，或藉由運動發洩情緒。正向且健康的抒發情緒，可以有效地減少壓力的傷害。

（六）善用社會支持

「社會支持」是指來自周遭的親友、同學、師長、社區的資源（如圖書館、協談中心）與幫助。平時建立良好的人際關係，參與社交活動，了解可運用的資源，可以讓我們得到心理上、物質上、經濟上的支持。

（七）學習放鬆技巧

冥想、打坐、深呼吸、散步、肌肉放鬆法、運動、洗熱水澡、聽輕緩的音樂等，都是不錯的紓解壓力的方式。

（八）尋求心理諮商

當自己無法排解壓力時，除了與親友商量外，也可以尋求輔導老師、諮商師、心理師、臨床心理師及精神科醫師的協助，透過專業人員給予一臂之力，可以讓我們的壓力及困境獲得改善。

一個重要的生涯決定，可能就會使你的人生走上另一條完全不同的路。

生涯規劃的五大要素是：「知己、知彼、抉擇、目標、行動」。

12-1
工作、休閒
與生涯

12-2
生涯規劃
的步驟

12-3
自我實現與
健康人生

生涯規劃最終的目的是希望能使自己的一生有方向性，知其所往，並發揮天賦之才能，為人為己盡一份心力。

CHAPTER

12

生涯規劃

每個人的人生都不盡相同，端視個人的生涯規劃而定。

12-1 工作、休閒與生涯

一個重要的生涯決定，可能就會使你的人生走上另一條完全不同的路。

 **一、工作**

通常，社會上久未謀面的朋友，見面時總會先問對方在哪裡高就、或是從事哪一「行」的工作？這裡所謂的「行」，就是指一個人所從事的工作（job）、職業（vocation）或終生的事業。所以在過去人們就常用「工作」、「職業」的詞語，來說明一個人為生活或追求生命理想，而在一生中所經歷的一系列勞心或勞力的活動。

張春興（1978）、楊朝祥（1989）等認為「工作是持續的提供心力或勞力，以為別人或自己創造一些有價值事務或勞務的活動。」至於人們為了使

> **補充**
>
> 簡單來說，工作就是個人為追求某一目標所做的有系統的活動；這個目標可能是個人長久以來即持之以為生活重心的，也可能是他人加諸於自己的期望。

要何去何從呢？

上述的活動順利完成,而賦予個人某種職位,以扮演某些角色,這些職位或角色統稱就是「職業」(林幸台,1987)。而今,隨著科技時代的來臨,人們工作型態和生活觀念也隨著改變,這些話語已經逐漸被「生涯(career)」取代。

工作的重要不僅在於它與個人的自我發展有關,它與社會的進步,乃至人類文明的提升,均有密不可分的關係。經由工作中的各項活動,反映個人生命的意義與目的,並產生經濟、社會、心理,甚至政治上的功能。因此,在人類整體的生活經驗中,工作實占有極重要的地位。

二、休閒

在農業社會時期,人們日出而作、日落而息,工作是生活的重心,農閒時參加社區活動或宗教慶典,在工作與休閒之間並沒有明確的界線。工業革命後,由於工作時間逐漸縮短,人們可以自由支配運用的時間越來越多,需要有其他的活動來填補或充實生活。而現代人對教育、社會福利、生活素質等層面的要求,間接導致緊張與壓力不斷產生,此時需要充分的鬆弛,儲備工作精力,因為休閒也具備提升這些層面的功能,於是越來越受到重視。

(一)休閒的定義

休閒可以由三個角度定義之:

1.以時間定義:休閒是指在生活領域中,除去工作或有關工作的活動,和睡眠以外所剩餘的那段

補充

休閒三部曲

該休息囉!

睡眠 工作

休閒

今天去上瑜珈課!

真舒服!

時間。在這段時間內，人們不受制於任何外界加諸自身的義務。

2. 以活動定義：休閒指的是完全不受壓力所迫，而樂於所從事的活動。

3. 以心理狀態定義：休閒是指不急躁、平和的、愉快的、昇華的心理狀態。

從休閒的定義，我們可以了解：休閒所強調的基本概念是「自由」，包括時間上及心理上的自由。

（二）休閒的功能

傳統觀念中，對於「休閒」一詞較少有正面的肯定，現代學者們對於休閒多抱持正面與肯定的看法，對於休閒的功能可歸納如下：

1. 促進身體健康：生物具有生理時鐘的特殊現象，人們工作一段時間，必須有適當的休閒，以維持身體的正常功能。

2. 促進情感交流：從事休閒活動可以使人與人之間的距離拉近，經由關係的建立與維繫，有助於彼此情感的交流。

3. 擴大社交圈：藉由某些休閒活動，我們可以認識同好、同性、異性或各行各業的人，並可以增進人際交往的技巧。

4. 紓解工作或學業壓力：休閒活動讓我們暫時拋開重複、單調或繁重的工作或學業，可以享受無拘無束的自由，獲得喘息的機會。

5. 啟發智慧、激發創造力：休閒可以暫時紓解壓力，藉由接觸新事物，常可使人產生清明的心智

補充

休閒生活的安排

首先，要依照自己擁有的金錢、時間與健康的多寡、長短、好壞來決定。

其次，同樣休閒活動的選擇也要考慮其所需的金錢、時間與安全性。

第三，是要培養正確的休閒觀。

或靈感，使個人在面對問題時有新的突破或創造更美好的作品。

6. 拓展工作或學業的資源：因休息而有充沛的體力，或在休閒中學習新的技能、知識，有助於促進原有及未來工作或學業的進展。

7. 促進自我實現：休閒活動可以使我們在工作或課業之外，有機會發揮潛能、接受挑戰、實現自我的理想。

8. 增進社會福利：參與各種服務性的社團或活動，使大家能過得更幸福。

（三）休閒的安排

休閒生活的安排要兼顧個人的興趣及多樣性，做好事先的規劃，同時培養正確的休閒觀。一方面兼顧興趣的多樣性：休閒生活的安排可依自己的興趣或喜好，也可嘗試不同的休閒活動以擴展生活經驗。例如：從事運動與遊戲活動，可以促進身心健康或紓解壓力；從事社交活動可以擴大生活圈並促進情感交流。另一方面做好事先的規劃：休閒生活三要素——金錢、時間與健康。

從事休閒活動重要的是心靈上的體驗，不論是對自我價值、人我關係，或人與環境的重新認識均是如此。美好休閒生活的產生要件是個人的心，需要用心發現、用心體驗、用心創造、用心享受。

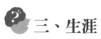 **三、生涯**

「生涯」就是人的一生，代表個人在生命過程

中，包含家庭、學校、職業和社會等有關活動的經驗，是一個連續不斷的歷程。而個人在這個長途的旅行中，隨著年齡增長，所扮演的角色不但會逐漸地改變，也是多重的。例如：此時的你，是某校的「學生」、是父母的「子女」、是個「休閒者」，也是所屬社區的一份子；幾年之後，也許不再是「學生」，但是多了「父母」、「工作者」、「公民」的角色。因此，我們了解「生涯」一詞是有「延續一生」、「包含各種角色」的綜合性意義。

（一）什麼是生涯發展

如前所述，個人的生涯是隨著年齡而變化的，因此「生涯發展」（career development）就是在談「個人一生的各個階段與生涯有關的目標及須達成的任務」，並依照下列四個原則進行：

(1)生涯發展是完成自我概念的過程、(2)是一個持續變化且逐漸發展的過程、(3)是一個配合的過程、(4)是一個增加選擇的過程。

人的一生

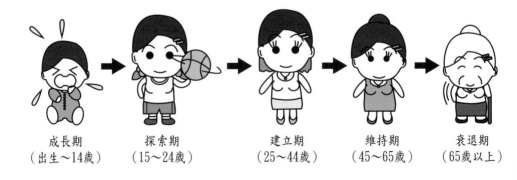

成長期　　　　探索期　　　　　建立期　　　　維持期　　　　衰退期
（出生～14歲）（15～24歲）　（25～44歲）　（45～65歲）　（65歲以上）

（二）生涯發展的階段

1950 年代，金滋伯格（Eli Ginzberg）、羅安（Ann Roe）、舒伯（Donald Super）即提出了成為生涯發展及職業選擇的理論。舒伯將職業生涯發展分成五個階段：

1. 成長期（growth，出生～ 14 歲）：個人的興趣及能力之啟蒙時期。此時開始對周遭的人、事、物進行觀察、模仿、角色扮演，以建立對世界及自我的概念。

2. 探索期（exploratory，15 ～ 24 歲）：個人屬於成長及學習之關鍵期。從各項活動中尋找並思考自己的興趣、能力，以及探索日後可能勝任的職業方向。

3. 建立期（establishment，25 ～ 44 歲）：個人尋找到適當的職業，並逐漸的進步、累積知識與經驗，是生產力旺盛的時期。

4. 維持期（maintenance，45 ～ 65 歲）：此時個人在工作上應有相當的職位及角色。

5. 衰退期（decline，65 歲以上）：個人身心狀況逐漸衰退，將慢慢調整工作角色及生活型態，以配合退休後的生活。

1990 年代初，舒伯創造了「拱門模型」（archway model）用來說明人在一生當中所經歷角色的多樣性。本質上，人需要不斷的與他人互動學習而自我成長，否則我們的社會群體就會停滯成長。

補充

拱門的一個基石支持了個人心理特質，另一個基石支持了社會性範疇。

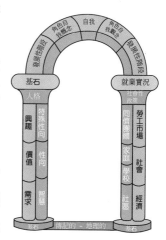

（陳梅雋著，2005）

生涯規劃，是指一個人妥善安排自己的生涯發展歷程。

12-2 生涯規劃的步驟

生涯規劃的五大要素是：「知己、知彼、抉擇、目標、行動」。

一、生涯規劃的意義

所謂生涯規劃（career planning），是指一個人妥善安排自己的生涯發展歷程。在這個安排下，個人能依據各計畫要點，在短期內充分發揮自我潛能，並運用環境資源，達到各階段的生涯成熟，而最終達成既定的生涯目標。

在擬定生涯計畫時，必須審慎而周延地考慮每個階段個人的狀況或需要，客觀環境的資源或條件，以及未來各種可能性等，依照時間的先後順序及對個人的重要性，予以妥善安排，並且盡可能使所訂的計畫有足夠的彈性。

二、生涯規劃的要素

生涯規劃對個人的人生有很大的影響，漫無目標的人生，很難達成自我實現的目標。

為了對個人的生涯發展有妥善的安排，我們必須花一些時間探索自己，認識外在環境，並且了解整個做決定的歷程所需考慮的因素。生涯規劃的五大要素是：「知己、知彼、抉擇、目標、行動」。

補充

【打油詩】
人的一生到底追求的是什麼呢？網路流傳的這首打油詩寫的真切！
出生一張紙，開始一輩子；
畢業一張紙，奮鬥一輩子；
婚姻一張紙，折騰一輩子；
做官一張紙，鬥爭一輩子；
股票一張紙，起伏一輩子；
金錢一張紙，辛苦一輩子；
榮譽一張紙，虛名一輩子；
退休一張紙，失望一輩子；
看病一張紙，花錢一輩子；
悼詞一張紙，了結一輩子；
淡化這些紙，明白一輩子；
忘了這些紙，快樂一輩子。

「知己」是了解自己本身的特性，強調向內看——了解自己的興趣、能力、價值觀、個性、性向，以及父母的管教態度、學校與社會教育對個人產生的影響。「知彼」是探索外在世界的特性，包含職業的特性、所需的能力、就業管道、工作內容、工作發展前景、薪資待遇等。「抉擇」是包括抉擇的技巧、抉擇的風格，以及由於抉擇可能面臨的衝突、阻力、助力等。做抉擇之後，就是為自己訂定「目標」，採取「行動」的時候了。

三、生涯規劃的步驟

了解生涯規劃的重要元素後，我們再來看看做生涯規劃的步驟是什麼。

（一）界定問題

確定目前生活中，遇到需要下決定且與生涯發展有關的問題，例如：下課後想學習一項技能，也藉此了解自己有沒有興趣及潛能，是該學游泳呢？還是該學彈鋼琴？又如，考慮畢業後要繼續升學？還是要先就業？

（二）進行探索

探索包括兩大目標，一個是對自己的探索，另一個是對外在環境的探索。自我探索重視的是對自己能力、興趣、價值觀的了解，將這些認識配合以上所思考的主題，才能做好適合自己的決定。對外在環境的探索則是著重在對個人以外世界的了解。例如：對職業世界的了解（如與咖啡相關的行業有

生涯規劃的步驟

界定問題

進行探索

資訊整合

選擇解決方案

擬定行動方案

修正與回饋

哪些？）、對其他社團的了解（如對會員的身分限制、會員的權利義務）、重要他人的意見（如父母、師長、好朋友的看法），清楚這些訊息，能讓你所做的決定更圓滿、成熟。

（三）資訊整合

將探索、蒐集到的資料與意見整理一下，以便進行解決方案。例如：將所考慮的選項（學鋼琴、學游泳、學水彩畫）列出來，依個人的興趣、能力、價值觀、達成目標的阻力和助力、重要他人的意見、經濟負荷等項目，分別討論並記錄下來。

（四）選擇解決方案

評估前一個步驟整理出來的結果，選出一個「比較適合」的方案，因為可能第一個選擇的優點正好是第三項選擇的缺點，第二項選擇的缺點正好是第三項選擇的優點，讓人實在不容易下判斷；也正因為有可能出現這種情況，所以可以試著將各選項「數量化」，並乘上「加權分數」，以突顯各選項之不同。畢竟，魚與熊掌是不易兼而有之的，需要你花些精神取捨。

（五）擬定行動方案

挑選出其中一個方案後，就可以更仔細地思考怎麼實現它。例如：訂出執行的步驟與時間。

（六）修正與回饋

雖然已經蒐集了許多資料及意見，然而計畫仍是紙上作業，在實際執行的時候，常有意料之外的情形出現，所以，有時候需要修正計畫。我們可以

補充

大學生涯規劃包括：最根本的生命觀照層面、個人成長的學習層面、經營家庭與人際關係的生活層面、工作層面等。

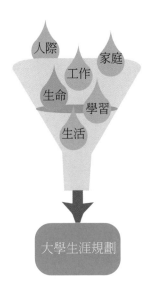

（參考：陳澤義著，2014，序言）

透過實踐計畫，把結果視為一種「回饋」，藉此修正執行的方法、歷程，甚至是目標，讓我們走得更好──因為，執行生涯計畫是個人的工作，沒有所謂的「競爭」或「失敗」，只有路徑或方法適不適當罷了！

有趣的問題

處在生涯發展中「探索期」的你，正為著準備建立一個具體的職業方向而努力，就你所知的，有哪些人或地方可以幫助你？

【參考方向】
此問題是希望讓學生知道，有些資源或機構可以協助他們了解自己，並探索自己未來的發展方向，可開放讓學生彼此交換意見，並將所得的資源列出，讓學生參考。

「健康模型」可作為落實「自我實現」的具體方法。

12-3 自我實現與健康人生

生涯規劃最終的目的是希望能使自己的一生有方向性，知其所往，並發揮天賦之才能，為人為己盡一份心力。

生涯規劃是配合自己所處的生涯發展階段而來的，最終的目的是希望能使自己的一生有方向性，知其所往，並發揮天賦之才能，為人為己盡一份心力。有人選擇當木匠、有人選擇教書、有人經營企業、有人走入軍旅等等，其實，多元的社會需要多元的角色才能運作得好，能夠掌握、享受其工作角色並有所貢獻，就是善美的人生了。

 ## 一、自我實現的定義

這樣對人生的期待與人本心理學家馬斯洛（Maslow）對「自我實現」的看法相似。他認為，人有五個層次的需求，由下（較為基本的需求）而上（較為高層次的需求）分別是：生理的需求（如能求得溫飽）、安全的需求、愛和隸屬的需求（如能愛他人和被他人愛）、自尊及尊重的需求（如能尊重他人並尊重自己）及自我實現的需求，這些需求要由下而上逐層地被滿足。其中，「自我實現」的需求是指，我們一生的歷程中，使自己所具備的潛在條件（如能力、興趣、個性、特質）充分發揮的境界、結果或過程。

補充

喜歡運動的小美，在學期間就不斷地練習田徑、參加比賽，並且自願協助學弟學妹練習田徑；畢業後，仍然不停地努力，且找到一份教練的工作。

能將自己的興趣和職業結合在一起，又對他人有所幫助，小美感到十分的充實、快樂，這就是自我實現需求得到了滿足。

以從事教書這個行業為例，經過多年的學習，對專業知識（如數學）、教學方式、習作、評量工具、個人工作心態、學生的需求等要素，有足夠的體認之後，將逐漸結合所學（個人的能力）和對數學及教書工作的喜愛（個人的興趣），在某所學校教導青少年學習數學（適才適所），使自己的才能得以發揮，並有所貢獻。其努力的「過程」是一種「自我實現」，而所達成的結果則可稱之為「自我實現」的境界。

 二、追求自我實現的健康生活

自我實現是人生意義追尋的概念層面，要如何將概念落實到日常生活呢？參考學者黑德勒（William Hettler）所提出的六個生活層面組成的健康模型，分別是生理、情感、智性、職業、精神、社交等六個面向，可作為落實「自我實現」的具體方法，並提供我們評估自己的生活是否健康的指標。

黑德勒（William Hettler，1976）提出的健康模型。

（一）生理層面（physical）

包含滋養人體所需的必要條件。應該注意的有：適量的運動、均衡的飲食、定期的健康檢查、避免來路不明的飲食、避免飲酒或濫用藥物（如搖頭丸、興奮劑），以及注意自身安全（如交通安全、旅遊安全）等。生理層面的一般照料，通常我們可以自行處理；但是，某些生理方面的問題，因為處理所需的專業知識超過我們了解的範圍，則需要專業人員的協助（如不明的出血、異常的腫塊、短時間內體重突然增加或減少、常感到頭昏精神不好等）。

（二）情感層面（emotional）

包含個人的感情和內心世界。在這個層面上最重要的任務是要練習察覺自己的感覺，知道此時此刻自己的情緒是什麼；然後，能進一步把它適當地表達出來。

例如：早上起床就得冒雨出門上學，心裡覺得很鬱卒，可以嘗試著向父母親、同學、老師說明這種不舒服的感受，如此，不但讓這股「悶氣」有機會紓解掉，他人甚至還會提供一些讓心情變好的建議，或者和你一起訴訴苦，使心情轉好（此時，你就可以觀察自己「從鬱卒到放輕鬆」的感覺的變化）。

（三）智性層面（intellectual）

包含自我概念、創造力和學習。就這個層面來說，鼓勵同學們利用現在學習力、創造力旺盛的時期，不斷學習，有計畫的追求新知、培養個人的興趣以增進個人的自信。大家不妨從現在的學校活動開始，不論是書本的知識、社團活動都是增進智性的良好材料；日後離開校園，也可以循著已經奠定好的學習習慣，利用各縣市的圖書館、表演中心、社教中心等資源，繼續讓自己的知識、創造力源源不斷地增長。

（四）職業層面（occupational）

包含個人在專業工作上的選擇、工作的滿足程度、事業野心，及學業表現。如果能滿足這些需求，可以促進我們的自我認同感（知道並接受自

己是什麼樣子的人）及自尊感。在學期間，同學們透過課業學習、社團活動的參與，以及輔導室、導師或各任課老師及同學、家人的協助，以探索自己的性向，了解自己的才能，以及相關的職業世界知識，以作為將來就業的重要參考。

（五）精神層面（spiritual）

包含信仰、價值觀和社會倫理。這個層面強調個人的信仰與對於更高權力之間的關係（類似於個人與宗教戒律或規範的關係），並相信世界有更高的主宰者默默地照拂著我們。此時你可能開始對於生活中的倫理、價值觀、宗教信仰感到好奇，想要知道這些概念是什麼？以及為什麼我們所處的社會是這樣子看待這些抽象的概念？進而逐漸發展出屬於自己的解釋方式，成為待人接物的重要準則。

大學是什麼？

大學之所以稱為大學是因為有博學多聞的教授群、藏書豐富的圖書館、陶冶性情的大校園。

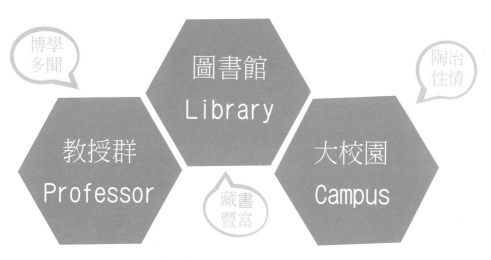

（參考：陳澤義著，2014，p.79）

（六）社交層面（social）

包含個人和家人、朋友、社區、國家，乃至於整個世界之間的關係。我們的日常生活行為，常常看似與他人無涉，其中卻有牽一髮而動全身的密切相關，例如：天氣熱得汗流浹背，對於一罐冷飲的「渴望」實在很高，但是，甜甜的冷飲不但傷身體，更會因為它的包裝消耗了環境的資源，也造成了自然界生態循環的困難。又例如我們臉上的表情，不僅會反映自己的情緒，也會影響與我們接觸的人，並將這種情緒回傳給我們，常聽人說「情緒是會傳染的」以及「心情好的時候就覺得世界跟著微笑」，就是最好的實例。

所以，我們可以試著從很小的地方做起，如少買冰涼的飲料、常常保持心情愉快，如此會漸漸地發現周遭的朋友、家人、老師、學校都有一些不一樣；如果多一點人這樣生活，這個社會、這個世界就會多一點快樂和希望！

這個模型強調六個層面的均衡，除了可以運用它了解自己目前的生活型態外，亦能改善某些不均衡處，以使自己達到自我實現的健康人生，並且有機會善盡「世界公民」的一份責任。

研究生產者與消費者的心理及行為，並解決工業環境中的各種與人有關的問題。

探討個體的知覺、人格、態度、學習、動機、情緒，及社會階層、文化背景、經濟水準等因素對商業行為的影響。

有助於國家法律制度的設立、改革與完善，也有助於提高矯治罪犯的成效。

13-1
心理學在工業方面的應用

13-2
心理學在商業方面的應用

13-3
心理學在法律方面的應用

13-4
心理學在醫學方面的應用

每個人都有大大小小的壓力，可能來自於家庭、工作、課業、競爭等，壓力調適已成為現代人不可或缺的一部分。

CHAPTER

13

心理學的應用

【工業心理學】

13-1 心理學在工業方面的應用

研究生產者與消費者的心理及行為，並解決工業環境中的各種與人有關的問題。

世界上每個人都是經濟系統的一部分，個體不是在生產崗位上扮演重要的角色，就是和產品及勞務的分配與消費有密切的關係。因應科技的發展，很多工業組織的本質已完全改變，以前手工製造的產品，現在幾乎完全由機器所取代，機器的操作與維護成為工業上重要的一環。

一、什麼是工業心理學

工業心理學（industrial psychology）即是研究生產者與消費者的心理及行為，並且應用心理學的知識，解決工業環境中的各種與人有關的問題。工業心理學在二十世紀初才開始萌芽，早期的工業心理學家著重於人事甄選問題的探討。

在第一次世界大戰（1917～1918）時，美國以心理測驗來篩選陸軍人員，是最早將心理學技巧應用於人事篩選的著名例子，他們先發展一套適合的測驗，然後針對陸軍人員進行施測，再依照施測的結果，將這些人員分類，並分派到適當的職位。但是直至 1930 年代，工業心理學才逐漸釐清並具體化其研究領域與研究工具，正式成為心理學的一支。

補充

霍桑實驗

1927~1932 年間，哈佛大學第一位專攻工商心理學的教授梅堯（Elton Mayo），帶領研究團隊進駐美國西屋電器公司的霍桑工廠；研究工作環境是如何影響員工的工作效率。這就是有名的霍桑研究（Hawthorne Studies）。

他們不斷改變照明亮度、溫度溼度、休息時間、午餐品質等，結果令人驚訝：不論外在條件如何改變，參與實驗的員工生產力都持續上升。

二、工業心理學探究的重點

工業心理學探究的重點，一直隨著時代的變遷而有所轉變。早期工業心理學家十分重視人事甄選及安置的問題，而人事甄選及安置也一直是工業心理學所重視的議題。在 1940 年代至 1950 年代，管理界的人群關係運動蓬勃發展，此時的工業心理學家，將重點放在對團體的互動、督導的過程與領導行為、意見的溝通與工作滿足感的探討，期待從了解人類的工作動機，進而以有效的方法來激勵工作者努力工作，同時也探討工作滿足感與工作效果之間的關係（鄭伯壎、謝光進，1998）。

近年來，為因應科技的發展，促使工程心理學問世，「工程心理學」（engineering psychology）是一門科技整合所產生的學科，希望能以人力的限制為考量，設計適當的儀器與設備，使工作變得更有效率更輕鬆，在此領域中，心理學家扮演著非常重要的角色。

三、工業心理學的應用

工業心理學家與其他的專業人員一樣，也執行專業性的工作。在企業界中，這些專業的工作包括：

(1)顧問工作方面，工業心理學家可以提供專業知識，解決企業的管理發展、設備的設計，及消費者行為等問題。

(2)規劃發展的工作上，工業心理學家則負責某些計畫，如在職訓練計畫、人員甄選計畫等的擬訂與推動。

補充

霍桑效應

經過長期探討，梅堯終於豁然開朗！原來工作空間的物理條件，對員工來說並沒有那麼重要；讓工人在昏暗中仍能維持高產量的原因，是人的因素。

因為參與實驗的員工知道，研究團隊及公司同仁在觀察他們的表現，所以不管工作環境有什麼變化，都會比平常更努力；因此自然會有更高的生產力。

這種因為受到額外的關注，而在工作或學習上產生正向成果的作用，就被稱為「霍桑效應」（Hawthorne Effect）。

(3)個人能力評價方面的工作，工業心理學家必須評估個人在職位上的發展潛力及工作效率，並且擔負輔導員工的責任。

在此要注意的是，在評價個人時，必須要運用心理學的知識，把個人視為個體來處理，但是在進行顧問及規劃發展工作時，就必須以整個企業團體為基礎進行考量，而不能單以個體為單位進行諮詢與規劃的工作（鄭伯壎、謝光進，1998）。

工業心理學上最重要的主題包括：

(1)人員甄選及評價的部分：工業心理學家可運用晤談、測驗工具，及相關資料的蒐集，達成人員甄選和工作表現評量的目的。

(2)工作環境與組織環境的主題中：工業心理學家著重的是人員的培訓、組織的結構、監督的方式、管理的政策、薪資的制度、員工的工作行為與工作滿意度、工作活動的本質、員工使用的設備、工作環境及工作績效等。

(3)人員犯錯與意外事件的部分：工業心理學家探究的是工作活動的設計、儀器的設計、操作程序等，以減少失誤的產生（鄭伯壎、謝光進，1998）。

UPS 快遞的司機

節省所有不必要的動作、力氣，讓工作更有效率！
左手夾包裹 ⇨ 右腳踏出第一步
⇨ 每秒 3 步 ⇨ 用牙齒咬住車鑰匙

【商業心理學】

13-2 心理學在商業方面的應用

探討個體的知覺、人格、態度、學習、動機、情緒,及社會階層、文化背景、經濟水準等因素對商業行為的影響。

　　商業心理學(business psychology)是由工業心理學演變而來的,主要是探討個體在商業情境中,所有的心理與行為反應的科學。商業心理學探討個體的知覺、人格、態度、學習、動機、情緒,及社會階層、文化背景、經濟水準等因素對商業行為的影響。有學者認為:商業心理學即為研究企業行銷上人類行為現象的科學(林欽榮,1993)。

　　商業心理學的研究主要可分為(徐西森,1998):

　　(1)與個人行為有關的研究:著重個體本身的人格、性向、態度、興趣、動機等因素對工作行為及消費行為的影響。

　　(2)與團體行為有關的研究:著重社會、經濟、政治、文化等因素對個人消費行為的影響。

　　(3)與組織行為有關的研究:注重的是員工士氣的激勵、領導管理、組織型態、教育訓練、團體互動、人際互動及談判溝通等議題。

補充

心理學家發現幾個員工心目中認為重要的工作特性,而你又是如何排序的呢?
1. 有挑戰性、有趣而且有意義的工作。
2. 高薪。
3. 有升遷的機會。
4. 工作安定。
5. 有股票分紅。
6. 工作時數令人滿意。
7. 工作環境令人愉悅。
8. 能和同事和睦相處。
9. 看起來能被老闆尊重和欣賞。
10. 有機會學習技術。
11. 公平和忠誠的主管。
12. 會徵詢你相關工作議題的意見。
13. 協助處理你私人的問題。
(李志鴻譯,2014,p.59)

一、人格與工作行爲及消費行爲的關係

荷倫（Holland）認為個體所選擇的職業可以反映其人格特質，個體的人格特質與工作環境的一致性程度越高，越容易發揮個人的工作潛能。他將個體的人格分為六種職業類型（徐西森，1998）：

(1)研究型　在採取行動前會先觀察和分析，喜歡學習、調查、研究，對解決問題也深感興趣，此類型的個體適合從事工程師、化學家、研究人員等工作。

(2)社會型　喜好與他人在一起工作，關心他人的福祉，適合服務人員、社工師等工作。

(3)事務型　喜歡井然有序的活動，適合祕書、會計等工作。

(4)企業型　喜歡擔任領導人，重視政治和經濟的成就，適合律師、銀行經理等工作。

(5)實際型　喜歡操作機械，重視實際，適合建築師、技術人員等工作。

(6)藝術型　喜歡運用想像力，不喜歡被限制，重視個人才能的發揮與創造，適合音樂家、作家、室內設計師等工作。

　　消費者的人格特質會直接反映在他的消費行為上，因此，探究消費者的人格特質，有助於企業界開發市場、掌握消費族群、擬定促銷策略。自信、獨立且注重形象的個體，購物時比較強調產品的品質；較衝動、直率的個體，購物時可能較注重產品的經濟性、實用性與需求性；自信心強、親和力佳的個體，消費時主要以本身的需求及產品的實際功能為考量。

二、動機與工作行爲及消費行爲的關係

　　人類的行為表現與內在的動機需求有很密切的關係。

　　人類的行為動機非常複雜，所以個體單一的工作行為，可能隱含很多可能的工作動機。根據馬斯洛的需求層次，當個體的工作動機未被滿足，或遭遇挫折時，便會出現工作效率低落，缺乏進取心的情況。

工作動機的滿足或挫折所需之條件與結果

個人的目標受阻	馬斯洛的需求層次	追求自我與企業一致的目標
職位低、不需負責、沒有權力	自我實現的需求	自主性程度高，擔負重任
主管與員工之間甚少有交流與溝通	自尊及尊重的需求 ← 挫折	主管與員工之間的互動良好
	受與隸屬的需求	
工作結構不清，工作環境變化大	安全的需求 　滿足 →	工作環境穩定，工作結構清楚
工作空間受限	生理的需求	所得待遇足以應付基本需要

人類的消費行為也受到人與情境的影響，根據馬斯洛的需求層次，消費者的需求、類型與產品的類別、消費感受與期待之間是有關聯性的。

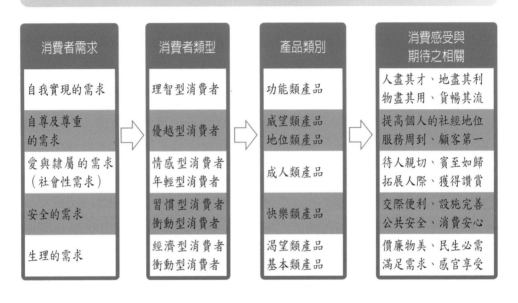

消費者需求、類型與產品類別、消費感受與期待之相關（徐西森，1998）

消費者需求	消費者類型	產品類別	消費感受與期待之相關
自我實現的需求	理智型消費者	功能類產品	人盡其才、地盡其利物盡其用、貨暢其流
自尊及尊重的需求	優越型消費者	威望類產品地位類產品	提高個人的社經地位服務周到、顧客第一
愛與隸屬的需求（社會性需求）	情感型消費者年輕型消費者	成人類產品	待人親切、賓至如歸拓展人際、獲得讚賞
安全的需求	習慣型消費者衝動型消費者	快樂類產品	交際便利、設施完善公共安全、消費安心
生理的需求	經濟型消費者衝動型消費者	渴望類產品基本類產品	價廉物美、民生必需滿足需求、感官享受

近來由於教育普及，經濟發達，社會變遷，以致現今人們的價值觀、消費行為與生活型態均有所改變。而消費者與勞工權益意識的高漲、社會對環保議題的強調、個人自主與享樂主義的盛行、環境保護與經濟發展的矛盾、科技發展的日新月異，再加上國際經濟情勢的轉變，使得工商業的經營更加不易，因此商業心理學的重要性與日俱增（徐西森，1998）。

【法律心理學】

13-3 心理學在法律方面的應用

有助於國家法律制度的設立、改革與完善,也有助於提高矯治罪犯的成效。

　　法律是調整人類意志行為的特殊規範體系,無論是法律的制定還是法令的實施,都與人們的心理活動有密切的關係,都不可能脫離人類心理活動的規律。法律心理學(legal psychology)是心理學的一個分支,是法學與心理學的邊緣科學,有助於國家法律制度的設立、改革與完善,也有助於提高矯治罪犯的成效(沈政,1992)。

法津心理學的研究內涵

警政心理學
警察
壓力

調查心理學
心理描繪
地理描繪

臨床心理學
評估
預測

監獄心理學
處遇
假釋

生理心理學
犯罪的遺傳因子
傷害造成的後果

發展心理學
攻擊行為
偏差行為

認知心理學
目擊證人作證
會談

社會心理學
陪審團
傳播媒體的影響

應用的 ◀┄┄┄┄┄┄┄┄┄┄┄┄┄┄┄┄┄┄┄┄┄┄┄┄▶ 理論的

(參考:陳慧女、林明傑,2010,2卷一期,p.17-29)

一、心理測驗在法律上的應用

在各種刑事案件中，最常遇到的問題，是被告的精神是否正常，這個問題不僅涉及被告的法律責任能力，也關係著被告是否具有參與出庭受審等法律程序的能力。證人的證詞是否可以採信，與其人格特質、知覺能力，以及記憶力有莫大的關係（沈政，1992）。

在民事案件中，老年人或智障者的精神狀態，是否具有行為能力的問題，可能會與財產的繼承、企業經營管理的糾紛有關。此外，子女的監護權、離婚訴訟等案件，也可能與當事人的精神狀態有關；而在監獄和感化機構中，犯人的心理狀態，則與其是否可以減刑、假釋、保外就醫等決策有關。所以，在司法系統中，有關人類的心理狀態與各種心理特質的評估與分析，是非常重要的問題（沈政，1992）。

心理測驗是分析及探究這些問題的重要方法之一，可針對特定的需要，選擇適當的測驗，例如：若懷疑個案的智力水準，不足以執行有效的行為能力時，可以選用智力測驗，探究個案的智力水準；若想要了解個案的人格型態，可選用明尼蘇達多相人格量表等人格測驗。

二、謊言偵察測驗在法律方面的應用

謊言偵察測驗，就是以電子儀器對受試者的脈搏、血壓、呼吸，及膚電反應等生理指標，進行測量並加以描述記錄。謊言偵察測驗所持的假設是，這些被測量的生理指標的改變，可能與說謊時所產生的微妙心理變化有關，所以可以作為受試者是否說謊的參考。但是事實上，沒有任何一種儀器可以非常靈敏而可靠地測定某人是否說謊，所以對謊言偵察測驗的結果，要審慎解釋。

雖然近年來，隨著科技的發展，測謊器也做了某些改進，但是基本上的測謊原理、實施程序與方法，是大同小異的。由於大部分的人在說謊

時，自主神經系統的功能會產生一連串的變化，但這些變化有很大的個別差異，所以在進行測謊之前，主試者必須先與受試者面談，擬定測謊時所要提出來的問題，判斷受試者是否說謊（沈政，1992）。

測謊的程序如下：

(1)測謊前的面談：向受試者解釋測謊的目的和施測的方法，消除受試者不必要的緊張與焦慮，同時了解受試者的精神狀態，擬出在測謊時，可以提出的適當問題。

(2)測謊的問題：根據測謊的目的與要探究的核心問題，可將所提出來的問題分為無關問題（施測者已知正確答案且與案情無關）、對照問題（與案情間接有關），與相關問題（與案情直接有關）。

(3)結果分析：至少對五個以上的問題，出現一致性的反應，此次謊言偵察測驗才被視為有效（沈政，1992）。

除了心理測驗與謊言偵察測驗之外，心理學在法律上的應用還包括司法心理學、犯罪心理學等的應用，涵蓋的內容有司法鑑定、法律政策的設定、犯罪行為的成因、預防到矯治，探討的對象包含證人、嫌犯、法官、警務人員等，可知心理學在法律上的應用相當廣泛。

補充

近年來在犯罪偵查上較常用的心理學技術有：
1. 運用各類「心理學原則」（psychological principles），觀察嫌犯可能說謊與罪疚情緒的心理徵候。
2. 心理描繪技術（psychological profiling），主要作用在縮小對具特定行為與人格特質的嫌犯之偵查。
3. 測謊器測驗（the polygraph test），利用無法抑制的情緒反應與生理變化，偵測出受試者說謊的情形。
4. 催眠術（mesmerism or hypnotism），運用催眠原理把人的思考由意識狀態帶進潛意識狀態；並能讓人在意識狀態中解讀潛意識的資料。
（參考：楊士隆著，2014，p.319）

【醫學心理學】

13-4 心理學在醫學方面的應用

所謂的身心一體，就是把人的身體和心理結合起來，看待為一個不可分割的整體，強調「整體健康照顧」的重要性。

　　心理學的發展，對原本偏重於治療身體的醫學，產生很大的影響。在治療觀念、治療方式、醫療環境設計、醫療人員與病人的關係、疾病預防等各方面，都廣泛運用心理學的概念；人性化的醫療、關照患者的心理感受，也成為現代醫學追求的目標。

　　醫學心理學的主要目的在研究人體健康與疾病相互轉化的過程中，心理因素的作用過程。由於研究範圍廣泛、科目繁多、各有側重，因此根據研究重點不同可分為若干分支，僅以圖示如下。

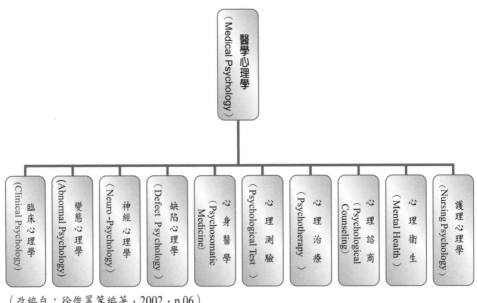

（改編自：徐俊冕等編著，2002，p.06）

以下僅舉出兩個重要的項目，簡單介紹。

一、身心一體與身心醫學

人的心理和身體並非互不相干的。生理不平衡時，會導致心理的不穩定，心理不平衡也會引起生理障礙，因此，面對疾病時，每位患者的生理及心理兩方面，其實都同時遭受到影響。以往把疾病分成「心理疾病」或「生理疾病」的說法，常讓人誤解「身體」與「心理」是分離的。然而，成功的醫療，應該要能顧及身心兩方面的需要。醫學上所謂的身心一體，就是把人的身體和心理結合起來，看待為一個不可分割的整體，強調「整體健康照顧」的重要性。

身心醫學並不是一種醫學的分科，而是一門科學的學派。身心醫學主要是研究生物、心理、社會等各種因素和疾病以及健康之間的關係。人的情緒、社會環境壓力等因素，會透過腦部，對身體的自主神經系統、內分泌系統、免疫系統等產生影響，造成身體的疾病。以心臟冠狀動脈的疾病「狹心症」為例子，患病的危險因素，除了吸菸、膽固醇過高等外，情緒緊張、做事急迫、競爭性強、過度忙碌的個性，也會增加患病的機率。

身心醫學的發展結果，使醫療不只注重藥物，同時也重視行為和生活環境層面上的預防與治療，比如肌肉放鬆法、冥想、打坐、太極拳、運動等，都能有效地減低焦慮緊張，用來改善病情或促進健康。

補充

心身疾病≠身心疾病？

這兩個名詞略有不同，身心疾病是因人的身體發生了生理變化，而引發了個體心理、行為上的變化，例如：更年期綜合症。

心身疾病剛好相反，起因於當事人對發生在自己生活、學習和工作環境中的各類事件，在情緒、心理等方面受到影響，最終影響了身體的生理變化。

二、安寧療護

疾病和死亡是無可避免的事，臨終的病人會遭受心理的無助、絕望的情緒與病痛的煎熬。安寧療護（hospice care）是指對疾病末期之病患，給予人性、全面化的照顧，減輕患者的疼痛及身體的不適，並且協助患者面對死亡時，心理和心靈的需求，讓病患以有尊嚴的方式度過生命的最後階段。

除了患者之外，安寧療護也需要提供支持，讓患者的親人在照顧病人以及悲傷心理的調適方面，能面對親人即將死亡的事實，知道如何陪伴臨終的親人度過生命的最後時光，並撫平失去親人的哀傷，恢復生活的步調。

臨終的病人，常有恐懼、孤獨、無助、擔心拖累家人等情緒，對親密感及親友的陪伴也特別的渴望，照顧者如果能以適當的方式，讓病人可以談論面臨死亡的感受，表達他的情緒及想法、希望等，可以減少病人恐懼無助的感覺，平靜的面對死亡。醫療體系中，擔任安寧療護工作的醫護人員，必須要提升自己的能力，提供患者在生理、情緒、心理，及心靈上所需要的照顧。而醫療人員本身，在照護患者的過程中，也需要得到他人的支持，才能執行這項有意義的工作。

安寧療護的專業團隊，是由一群專業人員和志工組成

○ 醫師	○ 社工師	○ 物理治療師
○ 護理師	○ 牧師	○ 職能治療師
○ 家庭健康服務員	○ 諮商師	○ 飲食學家
○ 藝術治療師	○ 志工	○ 音樂治療師

（洪芸櫻等譯，2007，p.272）

補充

腹式呼吸法

和胸式呼吸法不同，進行腹式呼吸法時，胸部保持不動，利用腹部凸起、凹入來呼吸。腹式呼吸法是一種放鬆的呼吸方式。要練習及體驗腹式呼吸法，可以用坐姿或平躺的姿勢，按下面的步驟進行：

1. 穿著寬鬆的衣服，在環境安靜的地方練習。
2. 身體舒服的平躺著，雙手自然放在身體兩側。
3. 閉上雙眼。
4. 緩慢呼吸。
5. 吸氣時，用鼻子吸氣，讓腹部儘量膨大，吸滿時，暫停約三、四秒。嘴部微張，用嘴緩慢地讓氣呼出。
6. 呼氣速度應比吸氣慢，大約是吸氣的一點五倍。不用勉強去控制或憋氣，順暢自然即可。
7. 集中注意力，專注在呼吸的動作，以及身體的感覺。告訴自己放鬆身體，想像自己所有緊繃的肌肉，因為吸氣而充滿能量，溫暖、舒服。吐氣時，所有的疲累緊張，隨著呼氣離開，身體變得輕飄飄地、彷彿沒有重量。
8. 進行約十五到二十分鐘，然後會慢慢張開眼睛。
9. 張開眼睛後，不要立刻起來，靜躺一下，享受放鬆後的感覺。

參考文獻

一、中文部分

1. 王文科著，教育研究法，臺北，五南，2014。

2. 朱秉欣著，全人心理學，臺北，五南，2012。

3. 朱相吉等，生涯規劃與發展，臺北，國立空中大學，1994。

4. 朱敬先著，幼兒教育，臺北，五南，2012。

5. 朱敬先著，教育心理學，臺北，五南，2011。

6. 朱敬先著，教學心理學，臺北，五南，2004。

7. 朱敬先著，健康心理學，臺北，五南，2003。

8. 余昭，人格心理學，臺北，三民書局，1995。

9. 吳武典、洪有義，心理衛生，臺北，國立空中大學，1988。

10. 李志鴻譯，工商心理學導論，五南，2014。

11. 李政賢譯，社會心理學，臺北，五南，2009。

12. 沈政，法律心理學，臺北，五南，1992。

13. 林幸台，生計輔導的理論與實施，臺北，五南，1987。

14. 林欽榮，商業心理學，臺北，前程企業管理顧問公司，1993。

15. 林淑梨、王若蘭、黃慧真譯，人格心理學，臺北，心理出版社，1991。

16. 柯永河，心理衛生學（上冊），臺北，大洋出版社，1989。

17. 洪光遠、鄭慧玲譯，人格心理學，臺北，桂冠出版社，1995。

18. 洪芸櫻、洪娟娟、蘇以青譯，安寧與緩和照護：概念與實務，五南，2007。

19. 洪蘭譯，心理學（下），臺北，遠流出版社，2001。

20. 孫景文譯，心理學，臺北，臺灣西書出版公司，2000。

21. 徐西森，商業心理學，臺北，心理出版社，1998。

22. 徐俊晃等編著，醫學心理學，五南，2002。

23. 張春興，工業化社會中人與工作的關係，臺北，國立臺灣師範大學學報，第 23 期，5 ～ 23，1978。

24. 張春興，現代心理學，臺北，東華出版社，2001。

25. 張春興、楊國樞，心理學，臺北，三民書局，1987。

26. 郭為藩，人格心理學理論大綱，臺北，正中書局，1994。

27. 陳梅雋著，生涯規劃，臺北，五南，2005。

28. 陳慧女、林明傑，心理師在司法體系中的角色，臺灣心理諮商季刊，2010，2 卷一期。

29. 陳澤義著，生涯規劃，臺北，五南，2014。

30. 游恆山譯 (a)，50 個非知不可的心理學概念，臺北，五南，2014。

31. 游恆山譯 (b)，心理學，臺北，五南，2014。

32. 游恆山譯 (c)，健康心理學，臺北，五南，2014。

33. 楊士隆著，犯罪心理學，臺北，五南，2014。

34. 楊朝祥，生計輔導——終生的輔導歷程，臺北，行政院青輔會，1989。

35. 楊語芸，心理學，臺北，桂冠出版社，1994。

36. 達賴喇嘛、霍華德・卡特勒博士合著，朱衣譯，生活更快樂：達賴喇嘛的人生智慧，臺北，時報文化出版公司，1999。

37. 劉金花主編，兒童發展心理學，臺北，五南，2013。

38. 鄭伯壎、謝光進，工業心理學，臺北，大洋出版社，1998。

二、英文部分

1. Bouchard, T. J., Jr., Lykken, D. T.,McGue,M., Sefal, N. L.,&Tellegen,A.. Sources of Human Psychological Differences:The Minnesota study of twins reared apart. *science*, 250, pp.223 ～ 228, 1990.

2. Brooks-Gunn, J., & Furstenberg, F. F., JR. *Adolescent sexual behavior.*

3. *American Psychologist*, 44, pp.249 ～ 257,1989.

4. Chilman, C. S., *Adolescent sexuality in a changing American society.* （2ded.）. New York:Wiley, 1983.

5. Dennis, W. Causes of retardation among institutional childred: Iran. *Journal of Genetic Psychology.* 96, pp.47 ～ 59,1960.

6. Hass, A., *Teenage sexuality:A survey of teenage sexual behavior.* New York:Macmillan, 1979.

7. Scarr, S., & Weinberg, R. A., The influence of "family background" on intellectual attainment. *Americal Sociological Review*, 43, pp.674 ～ 692,1978.

8. Scarr, s., Weinberg, R., & Waldman, I. D., IQ correlations in tansracial adoptive families. *Intelligence*, 17, pp.514 ～ 555, 1993.

9. Sorensen R. C., *Adolescent sexuality in contemporary.* America. Cleveland: World,1973.

10. Thomas, A., & Chess, S., *Temperament and Deveolopment.* New York:Brunner/Mazel,1977.

國家圖書館出版品預行編目資料

速解心理學／楊錫林、蔡盧浚編著. -- 二版.
-- 臺北市：五南圖書出版股份有限公司，
2023.10
面；　公分
ISBN 978-626-366-580-4（平裝）

1.CST: 心理學
170　　　　　　　　　　103022987

1BZP

速解心理學

作　　者 ― 楊錫林、蔡盧浚

發 行 人 ― 楊榮川

總 經 理 ― 楊士清

總 編 輯 ― 楊秀麗

副總編輯 ― 李貴年

責任編輯 ― 李貴年、何富珊

封面設計 ― 林以恩

出 版 者 ― 五南圖書出版股份有限公司

地　　址：106台北市大安區和平東路二段339號4樓

電　　話：(02)2705-5066　　傳　　真：(02)2706-6100

網　　址：https://www.wunan.com.tw

電子郵件：wunan@wunan.com.tw

劃撥帳號：01068953

戶　　名：五南圖書出版股份有限公司

法律顧問　林勝安律師

出版日期　2014年12月初版一刷
　　　　　2023年10月二版一刷

定　　價　新臺幣320元

經典永恆・名著常在

五十週年的獻禮——經典名著文庫

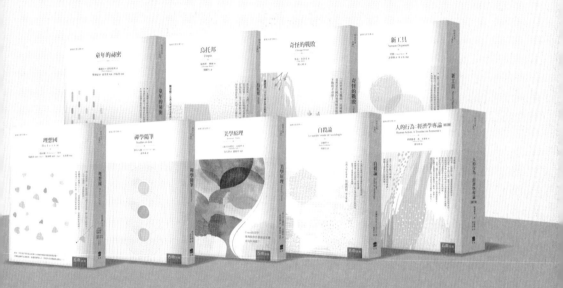

五南，五十年了，半個世紀，人生旅程的一大半，走過來了。
思索著，邁向百年的未來歷程，能為知識界、文化學術界作些什麼？
在速食文化的生態下，有什麼值得讓人雋永品味的？

歷代經典・當今名著，經過時間的洗禮，千錘百鍊，流傳至今，光芒耀人；
不僅使我們能領悟前人的智慧，同時也增深加廣我們思考的深度與視野。
我們決心投入巨資，有計畫的系統梳選，成立「經典名著文庫」，
希望收入古今中外思想性的、充滿睿智與獨見的經典、名著。
這是一項理想性的、永續性的巨大出版工程。
不在意讀者的眾寡，只考慮它的學術價值，力求完整展現先哲思想的軌跡；
為知識界開啟一片智慧之窗，營造一座百花綻放的世界文明公園，
任君遨遊、取菁吸蜜、嘉惠學子！